融資係になったとき読む本

改訂新版　○これだけ覚える○　図解

融資の基礎知識

池井戸 潤［著］

はじめに

本書は、融資担当者に必要な基礎知識をまとめたやさしい入門書です。入行してはじめて融資業務に配属されたとき、また再度基本的な事項を確認したいときに読んで下さい。

ベテランの融資マンでも、最初はみな新人でした。誰もが、はじめて融資係に配属されたときの不安な日々を忘れることができません。乏しい商品知識を頼りにカウンターに掛けていたとき、先輩たちがお客さんと交渉をし、融資の話をうまくまとめていく様を驚きの目で見ながら、早くあんなふうになりたいという期待と、本当にそうなれるのだろうかという自信のなさが入り交じっていました。

いま本書を執筆するにあたって、不安を胸いっぱいに抱えながらカウンターに付いていた新人の頃に戻り、そのとき感じた疑問や悩みを思い出しています。そうすることで、少しでも読者のみなさんが感じていらっしゃる疑問、知りたいはずの知識に近づくことができると思うからです。

私が融資係（当時私の銀行では貸付課と言っていました）に配属になったのは入行して一年を過ぎた春のことです。私の支店は大阪市内、四つ橋筋と中央大通りが交差する商業の要所に立地しており、繊維の町・船場の一部と大阪港まで延々と続く鉄鋼問屋をエリアにしていました。その支店は私のいた銀行の中でも「融資を修業するならここ」と言われたほど商売に厳しい土地柄、しかも主要な銀行が軒をならべて鎬を削る激戦区でもありました。まさに生き馬の目を抜くしたたかさを持つ大阪商人を相手に、学校を出たてで右も左もわからぬ新人が商売をするわけですから、もう毎日が〝恐怖〟の連続です。心配で明け方4時や5時に目が覚め、ぐんと憂鬱な気分になる。そのまま眠れず、結局食事もそこそこに通勤の電車に揺られて支店に通う日々でした。

いまでもそうかも知れませんが、当時の融資係は徒弟制度と似ていました。席次があり、新人は先輩の見よう見まねで仕事のノウハウを吸収していったのです。

しかし、日常業務での細かな経験をつなぎ合わせ、融資とはどういうものなのかという体系だった知識を構築するのは、とても長い時間と忍耐力を要します。そうして体に染みついた知識は容易に忘れることはないでしょうが、このような時間や労力を節約できるならばそれに越したことはありません。

本書は融資担当者として仕事を切り回すのに必要最低限の知識・ノウハウを収録しています。融資についての基礎の基礎というべき事柄を集めていますから、とくに読むための事前勉強も必要ありませんし、何の予備知識もなく読み進めても理解できます。

仕事は何でもそうですが、新しいことを始めたときにはまさに暗中模索で、試行錯誤の繰り返しです。ときに悩み、投げ出したくなることもありますが、そう思うのはみなさんだけではありません。誰もが同じなのです。そんなとき、本書はみなさんの足元を照らすことができるはずです。勇気を持って前向きに取り組む姿勢を忘れないで下さい。

　自由化により、かつての護送船団方式はもうありません。これからの金融業界は常に厳しい局面に立たされるはずです。難しい時代であるが故に、みなさんへの期待は決して低いものではありません。それに応えるためには早く一人前になることです。そのために本書が少しでもお役に立てれば幸いです。

※　※　※

改訂版にあたって

　１９９９年２月に初版発行した本書は、幸いにも多くの新人融資マンの支持を得て、順調に版を重ねるロングセラーになりました。その間、金融界の情勢は大きく変貌し、実務の世界でも、それまでにない、あるいはあまり重要視されることのなかった考え方や商品が注目されるようになりました。これにともない、融資マンに要求される基本的な知識も変化してきています。

　こうした状況を踏まえ、本書もより時代のニーズに合致するよう、ここに改訂版をお届けすることになりました。

　いま新人融資マンに求められる知識を組み込んで新しくなった本書が、みなさんに知識と勇気を与えることを祈っています。さあ、銀行融資の航海へ、いざ漕ぎ出でん！

　２００５年１月　池井戸　潤

これだけ覚える　融資の基礎知識◎目次

第2章◎財務分析の基礎知識

第3章◎担保の基礎知識

第4章◎融資実行・管理の基礎知識

◎第１章◎

融資の基礎知識

1 「融資」とは何だろう？

◉融資の要諦は回収にあり

貸出件数や金額をいくら積み重ねても、その返済や利払いが滞ってしまったら最終的に銀行の収益に寄与することはできません。たとえ100万円でも、元本が焦げ付けばそれを利息で取り戻すための時間と労力は並大抵ではないのです。それは融資に携わる人は誰でも経験で知っていますし、肝に銘じている事実でもあります。

融資とは、ただカネを貸すだけの仕事ではありません。日頃から、取引先の業績に関心を持つことも大切です。返済を見守り、最終的に元本が回収されてはじめて完遂する忍耐力のいる仕事です。

そのためには、確実に回収できる取引先に貸す、あるいは確実に回収できる金額を融資することが融資担当者には求められています。融資額に応じた担保を差し入れてもらうのも一つの手段ですが、それだけに頼ればただの「担保主義」です。担保と引き替えに対等額のカネを貸すのなら与信判断は非常に浅薄なものになってしまうでしょう。

相手企業の成長を支援し、生きた資金を供給すること。それが回収を確実にする大前提であり、融資本来の姿です。それができるようになることが、一人前の融資担当者になるということです。

融資業務は薄利多売

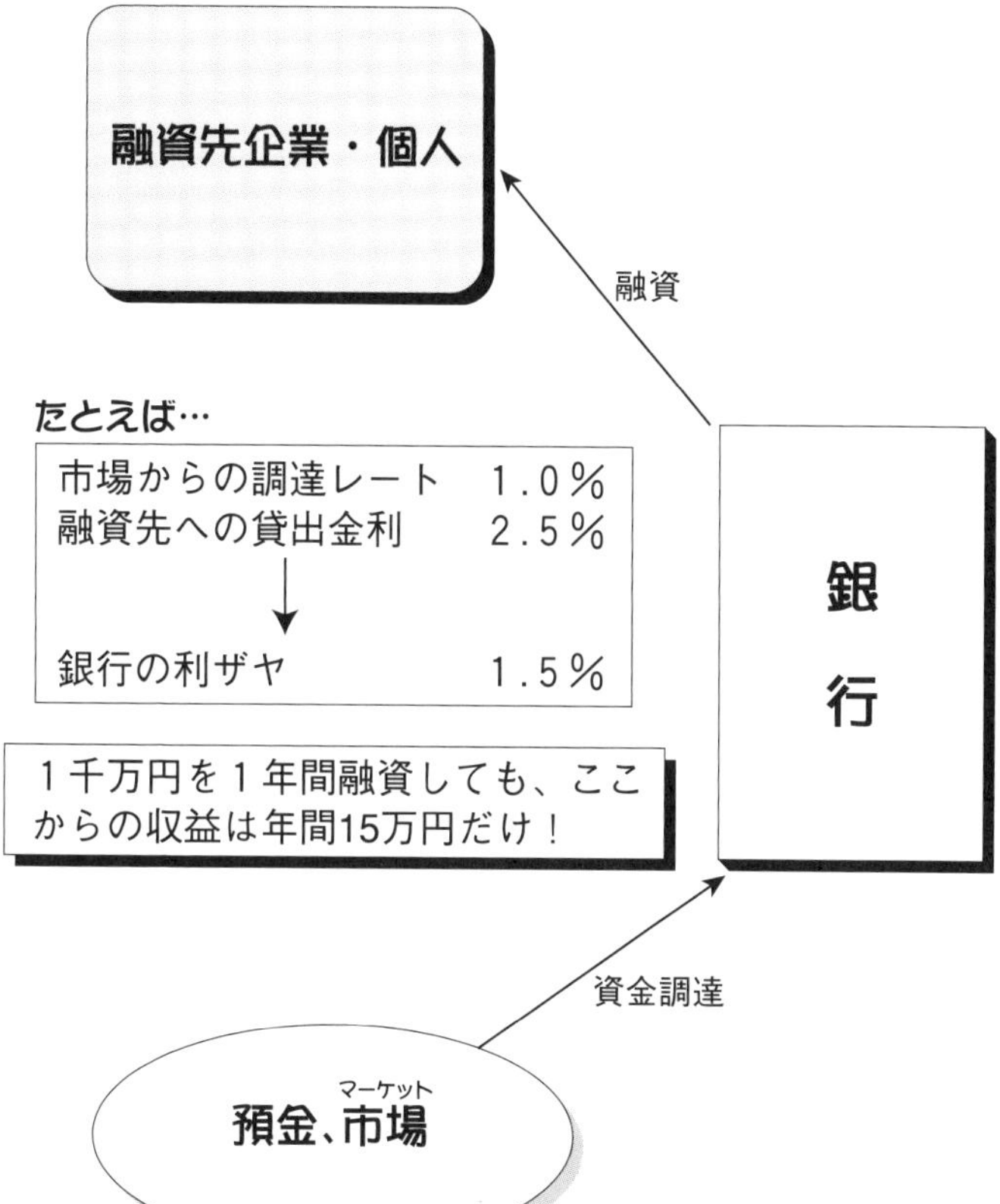

融資先企業・個人
融資
たとえば…
市場からの調達レート　1.0％
融資先への貸出金利　2.5％
銀行の利ザヤ　1.5％
1千万円を1年間融資しても、ここからの収益は年間15万円だけ！
銀行
資金調達
預金、市場《マーケット》

2 融資マンの心構え

◉忘れてはいけない3つの鉄則

融資業務に携わる者にとって、決して忘れてはならない3つの心構えがあります。

まず、お客様第一の精神。銀行はサービス業であり、それを支えているのは預金や融資の取引をして頂いているお客様です。お客様を大切にすることが、結果的に銀行に対する信頼を増し、次の仕事へとつながっていきます。「カネを貸してやっている」といった考え方や態度は絶対にとってはいけません。

2番目は、守秘義務の厳守。銀行の融資担当者はその立場上、お客様のプライバシーや企業の内部情報に接することになります。こうした情報を口外しないこと。秘密厳守は絶対に忘れてはならない義務です。顧客情報の漏洩は、銀行の信用を著しく傷つけます。一度失った信頼を取り戻すのは容易ではありません。

3番目は、現物管理の徹底。現物とは、お客様から預かった現金、小切手・手形などの有価証券類、通帳、契約書などを指します。これを紛失すれば、お客様に多大な迷惑を掛けるだけでなく、銀行の信用を失墜させます。現物事故を起こした銀行員の将来はありません。

最低限のルールを守る決意が立派な融資マンになるための第一歩です。

融資担当者に求められる最低限の資質

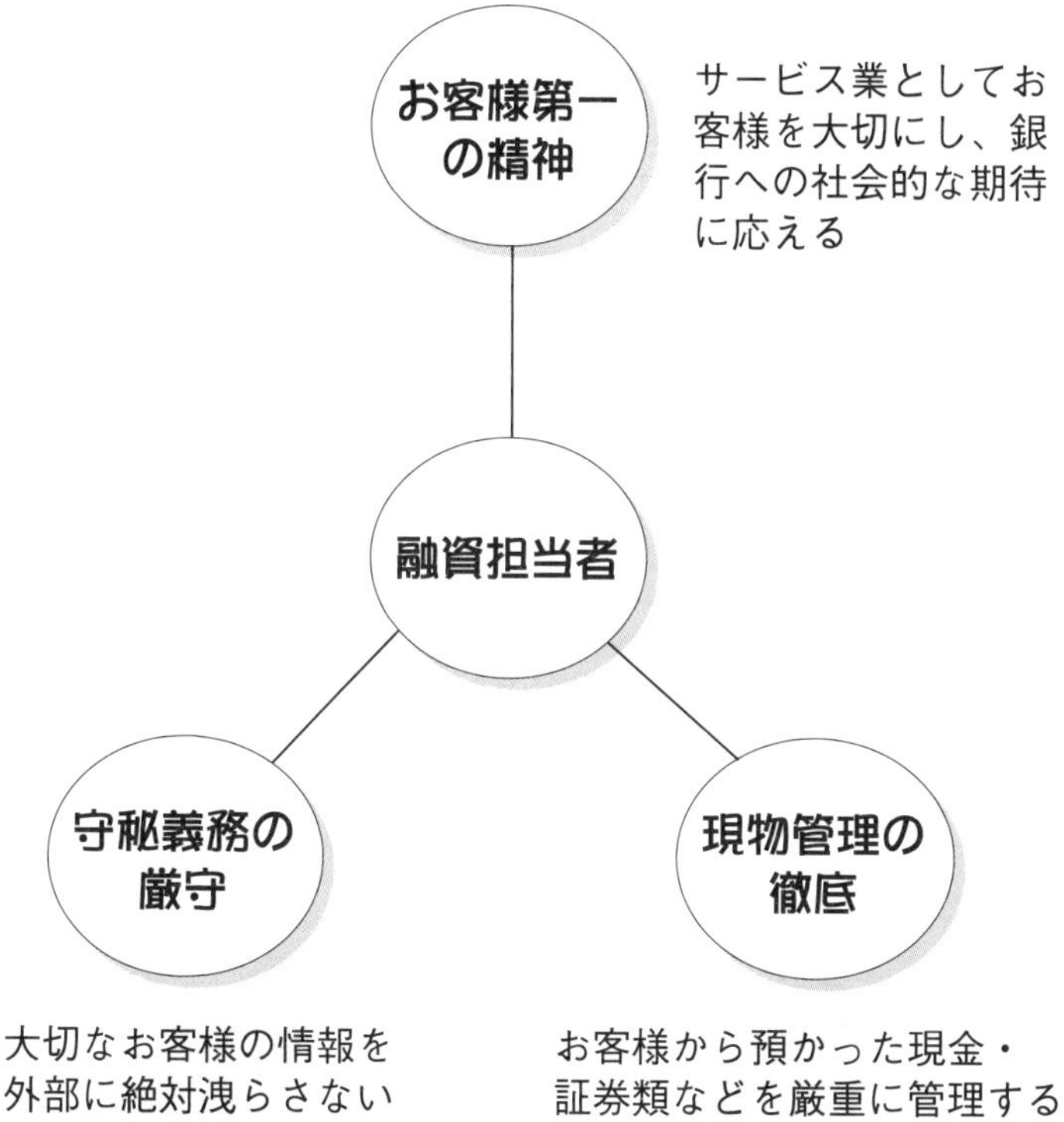

3 銀行員のコンプライアンス

◉銀行員である前に人であれ

金融機関を舞台とした不祥事が後を絶ちません。その内容は企業トップの逮捕から係員の不正までさまざまですが、こうした事件が多発する背景に、銀行員としてのモラルの低下があると指摘されています。

企業の一員として当然に守るべき規範や倫理のことをコンプライアンスと言いますが、これを守ることは銀行員としての職務能力に優先される課題となっています。

融資セクションには、いままでの銀行の歴史で培われたノウハウが詰まったマニュアルがあります。みなさんにとって、まずそれを遵守することが最低限のコンプライアンスになることは言うまでもありません。

ただ、中にはマニュアルでは定義できないような業務も起こり得ます。たとえば取引先への不動産物件の紹介、人材派遣の依頼、接待、贈答など、個人の社会常識や判断に左右されるものについては、みなさん自身が気をつけなければなりません。

法律に違反しないことだけがコンプライアンスではありません。後で人に言えないような不道徳な行為こそ、みなさん自身が自ら律すべきものです。「銀行員である前に人であれ」。社会的な期待を裏切ることのない倫理観を持って下さい。

コンプライアンスの考え方

不祥事・銀行員の犯罪

↓

コンプライアンスの重要性

↓

- コンプライアンスとは、企業の一員として当然、守るべき規範や倫理
- たとえ法律違反でなくても、人に言えないような行為はしない

4 融資業務の流れ

◉手続きの順番をつかもう

融資業務はお客様の資金ニーズを把握するところから始まります。資金需要は、来店されたお客様から説明されることもありますし、取引先訪問での面談で明らかになることもあります。

融資の依頼を受けた後、みなさんはそれを融資稟議書（あるいは査定書）といった書類にまとめ、それを課長や次長など融資担当の役席者に回付します。中には、稟議書にまとめる前に「面談メモ」あるいは「案件メモ」という形にすることをルールづけしている銀行・支店もあるかも知れません。

その後、役席の検閲を受けた稟議書は支店の責任者である支店長さん・副支店長さんに回付され、支店長決裁で融資できる取引先・案件はそこで最終決裁がなされます。

ところが中には本部の管理セクションでの決裁が必要な取引先があります。それは金額や融資条件などにより各銀行内の取り決めによって定められていますが、その場合の稟議はさらに融資部、審査部といった本部セクションに送られ、そこで最終的な決裁が行われ融資の可否が判断されます。

お客様に最終的な融資審査結果をお知らせできるのは、その決裁を得た後になります。

融資手続きの流れ

[新規貸出時]

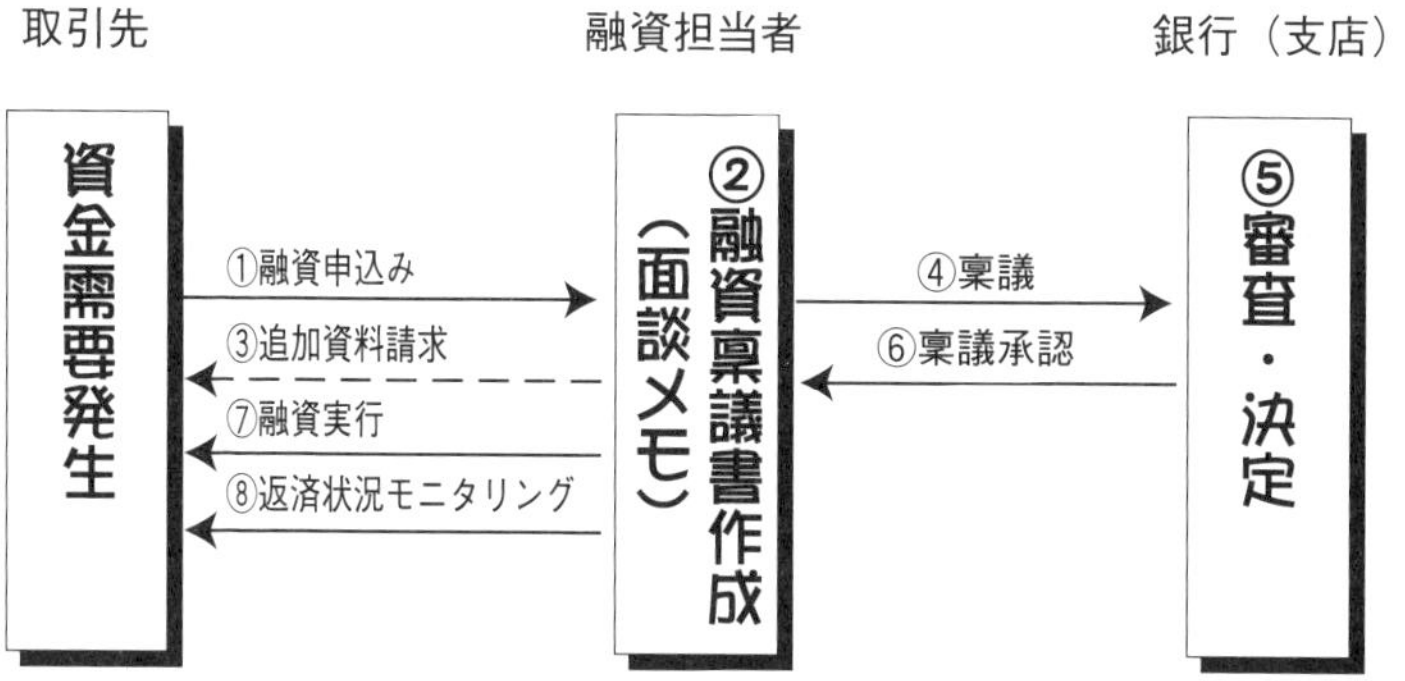

[通常時]

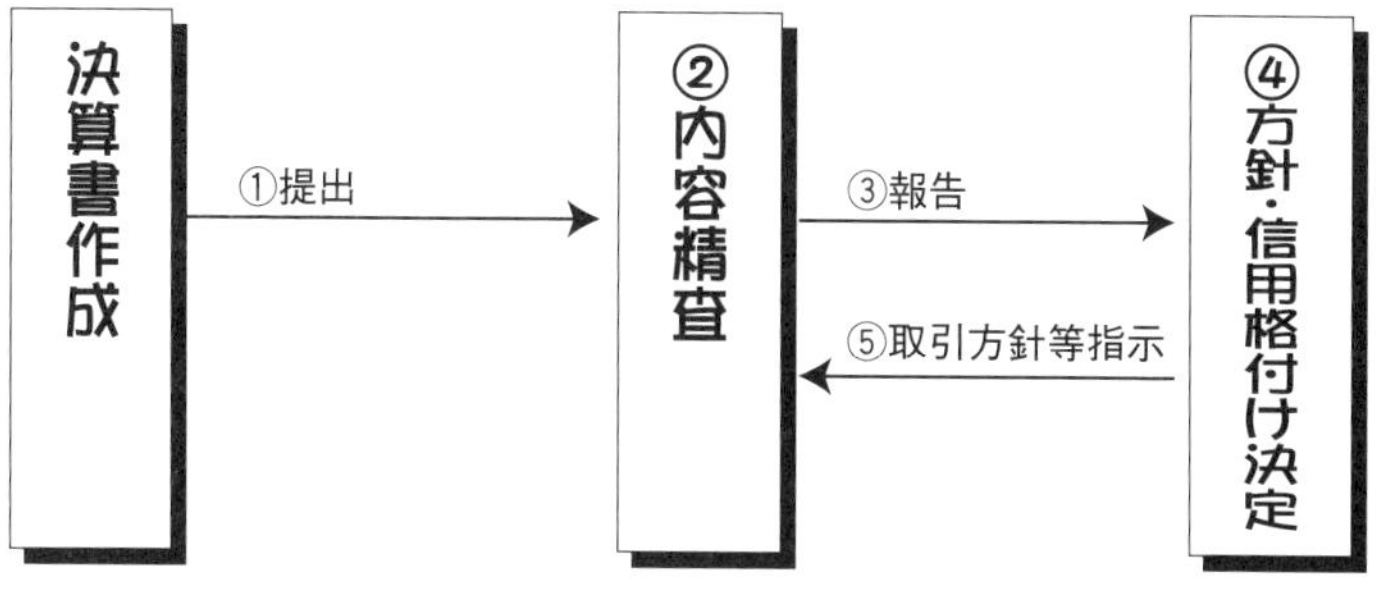

5

銀行融資の5形態

◉お客様の資金需要に最適な形態を選ぶ

店頭にいらっしゃるお客様の話を聞きながら、背景にある資金需要の仕組みを把握し、最適な貸出形態を提案するのが融資担当者の腕の見せどころ。そのためには、銀行の貸出商品にどんなものがあるか熟知していなければなりません。

貸出商品というと各行独自のネーミングがあったりして複雑な印象を受けるかも知れませんが、実はその形態は次の5つに集約されます。それは①手形貸付、②証書貸付、③手形割引、④当座貸越、⑤支払承諾です。

この中で⑤の支払承諾は、高速道路の運賃後納保証など、ごく限られた取引でしかみなさんの実務には登場しないでしょう。みなさんが取り扱う貸出の大半が、手形貸付か証書貸付、手形割引、当座貸越の何れかの形態をとるはずです。

お客様との面談の中で、賞与資金や決算資金、あるいはつなぎ資金など比較的短期間で収束する資金需要が出た場合には、手形貸付、当座貸越、手形割引。1年を超えるような運転資金を必要とされている場合には証書貸付というように、貸出形態はお客様が必要としている借入期間と関係があります。

（紙の手形については、2026年度末で利用が廃止される予定です）

融資形態の意味と適用

5つの融資形態

形　態	どんなものか
①手形貸付	取引先が約束手形を銀行に振り出す
②証書貸付	返済条件などを決め、銀行制定の証書に取引先が調印
③手形割引	商売上受け取った手形を銀行が期日前に買い取る
④当座貸越	決められた金額まで任意に貸し越しできる
⑤支払承諾	取引先の支払いを銀行が保証する

（①、③については、2026年度末までの予定）

融資形態と貸出期間

	短　期	中　期	長　期
①手形貸付	○		
②証書貸付	△※1	○	○
③手形割引	○※2		
④当座貸越	○	○	○
⑤支払承諾	—	—	—

（①、③については、2026年度末までの予定）

※１　短期資金を証書貸付で行うと、手形貸付と比べ印紙代が高くなるので注意！

※２　通常、手形期日で６カ月以内

6 返済期間

◉資金需要に合わせた返済期間を提案しよう

銀行融資の期間は、その返済期間（借入期間）によって概ね短期・中期・長期に分かれています。

1年以内が短期、1年超3年以内は中期、3年超が長期の資金です。

ただ、最近では金融機関が主に短期金融市場から資金を吸収していることを反映し、1年を超えるものはすべからく長期資金とする考え方も浸透してきました。また返済期間の違いは、貸出レートに反映します。企業の資金ニーズに対し、短期資金で応じるか、長期資金で応じるかは、相手の意見も聞きながら最終的に融資担当者が判断し、取引先に提案します。

決算・賞与資金は6カ月の分割返済。入金までのつなぎ資金など資金需要の期間が短いのものは、短期資金（ですから手形貸付などで対応するわけです）とするのが一般的です。これに対して、売上が増加したり回収条件が変更になるなどして発生した運転資金及び設備投資資金は、3年から5年の中・長期資金で対応したり、割引枠の増加で応じたりします。

銀行にとってみると、長期資金のほうが長きにわたり高いレートで借りてもらえることから収益に対する寄与度が高く、良質な資産と言えますが、最近では信用格付けの浸透に伴い、3年程度の中期資産で支援するケースが増えてきています。

返済期間にはどんなものがあるか

短期・中期・長期各資金の違い

種　　類	返済期間	ベース金利 (円貸出の場合)	どんな資金需要に対応するか
短期資金	1年以内	短期 プライムレート	決算・賞与資金、つなぎ資金など
中期資金	1年超 3年以内	中期基準金利	増加運転資金・設備資金など
長期資金	3年超	長期基準金利	増加運転資金・設備資金など

※この他のベース金利については本章8.「さまざまな金利」を参照

7 金利と返済期間の関係

◉長期になるほど金利は高くなる

短期と中・長期資金の違いは単に返済期間の長短だけではなく、貸出金利の差でもあります。

銀行の金利は、短期資金の場合「短期プライムレート」という金利が〝ベース金利〟として適用されます。プライムレートというのは「最優遇貸出金利」という意味です。つまり、お客様に対して最も優遇したレートを付けたときにこれになる、というレートなわけですから、国内円で融資している通常の貸出でこれを下回るレートはあり得ません。

また、この短期プライムレートに0・3％上乗せした金利があります。これを中期基準金利と言い、中期資金のベース金利になります。そして、中期基準金利にさらに0・2％上乗せした金利が長期資金のベース金利である長期基準金利です。

この他、貸出によっては7年、あるいは10年というように、長い返済期間を条件とするものもたまにありますが、このようなときには長期基準金利にさらにコンマ数パーセントを上乗せしたものをベースレートとして各行で定めている場合があります。

これらはあくまで最優遇の金利ですから、実際の貸出金利は取引の内容を勘案した上で決定します。また金利は原則「前取り」で、融資と同時に次の利払い日までの利息を頂きます。

長・短資金と金利の関係

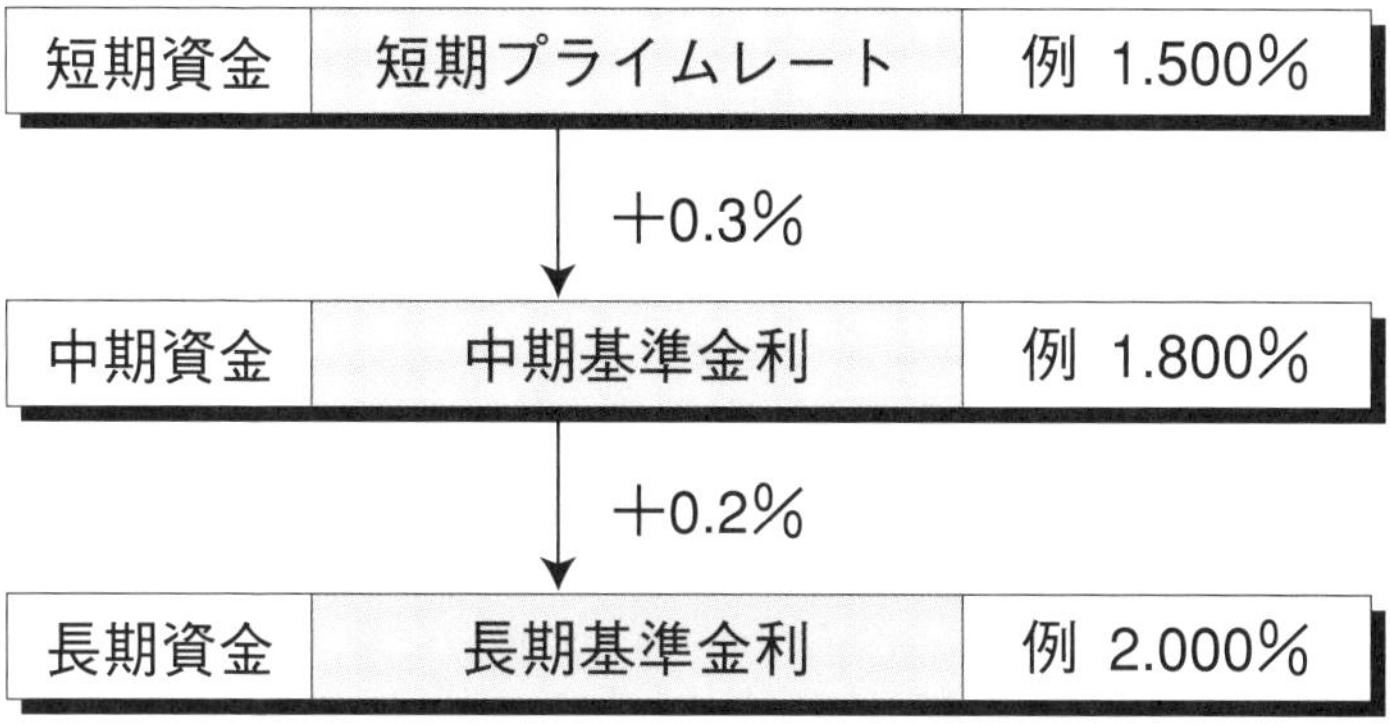
短期資金
短期プライムレート
例 1.500%
+0.3%
中期資金
中期基準金利
例 1.800%
+0.2%
長期資金
長期基準金利
例 2.000%

8 さまざまな金利

◉外貨貸しの金利設定

銀行融資の金利は短期プライムレートと中・長期基準金利だけではありません。

市場（マーケット）から調達するタイプの融資では、それぞれの貸出形態に合わせてベースレートが決められ、市場金利は日々の取引の中で刻々と変動しています。

また、最近ではスワップを取り入れた貸出商品がごく一般的に利用されるようになりましたが、このときのベースレートは、主にTIBOR（Tokyo Inter Bank Offered Rate）が使われます。

お客様に提示するレートはこれらのベースレートにスプレッドを上乗せした金利です。

スプレッドとはいわば銀行の儲けになる部分で、その設定幅はさまざまです。信用格付け（本章36・「取引方針に沿った対応をしよう」参照）で下位格付けになるほど、スプレッドは大きく（つまり、銀行の儲けが大きく）設定される傾向にあります。

スワップローンの仕組み

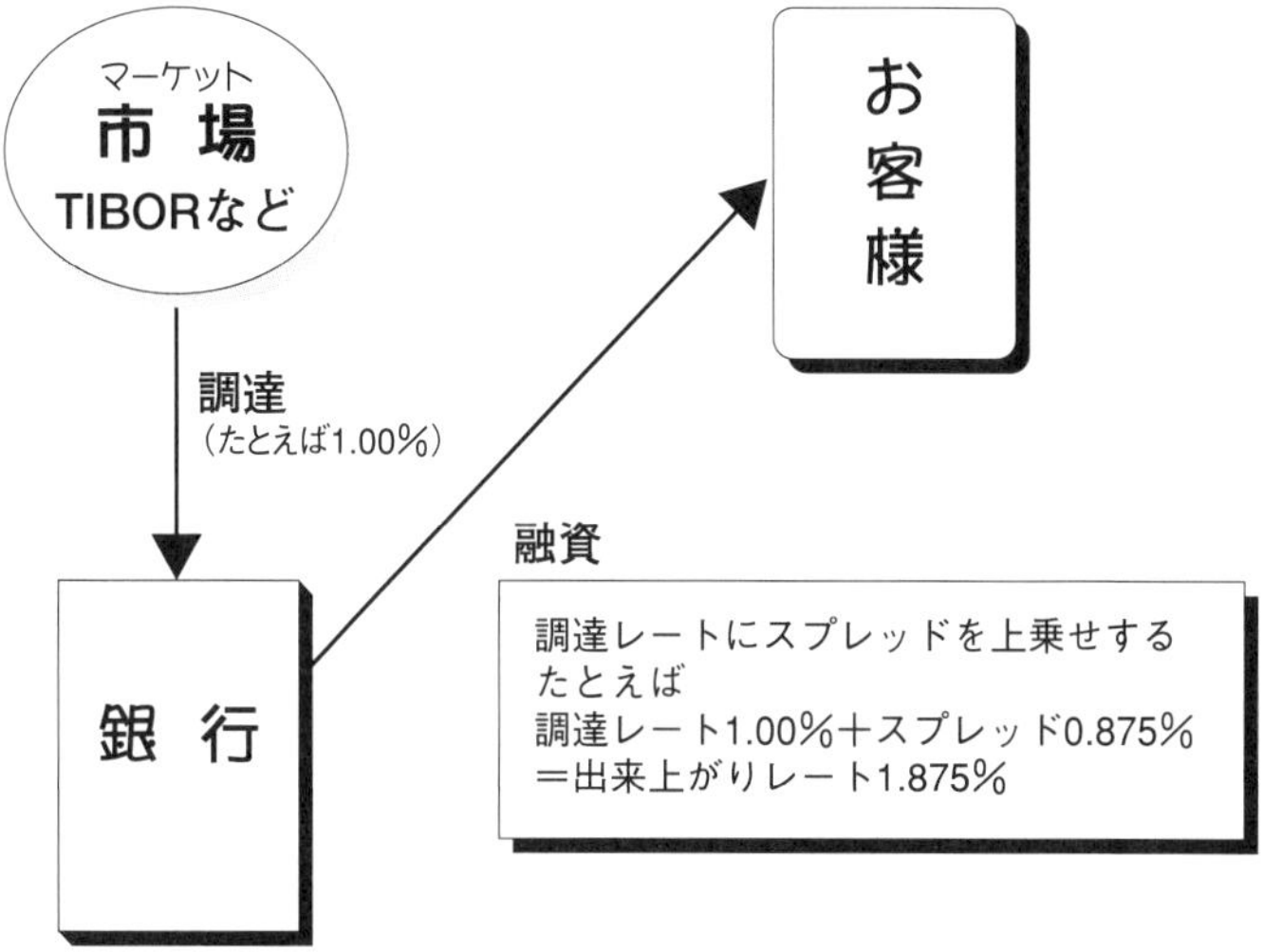

・スプレッドをいくらにするかは、相手の信用状態や収益期待により、その都度設定する
・短期プライムレートをベースにした変動金利と異なり、一度設定したスプレッドは変動しない。金利も固定化される

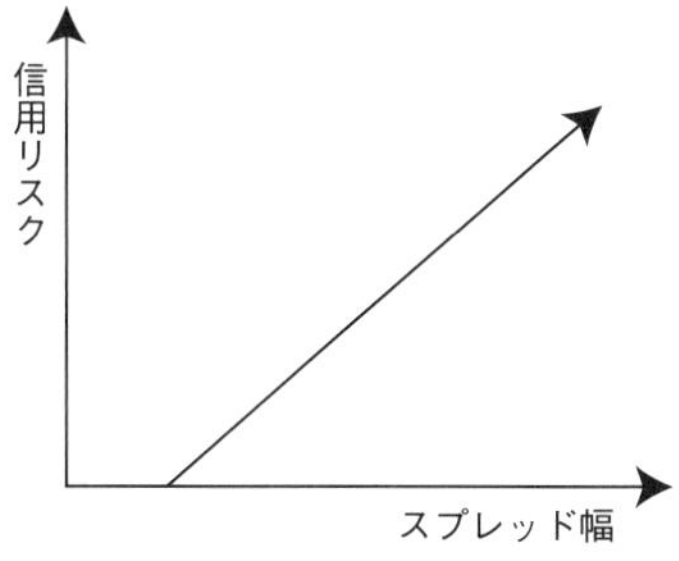

9 取引先と銀行との関係

◉さまざまな資金を供給

銀行は、会社のあらゆる活動に深く関わっています。たとえば、会社が振り出す小切手や手形は、当座預金を開設することによって銀行が交付しているものです。

中でも、会社にとって重要なのは、資金の供給元としての銀行の働きです。

銀行は、会社が継続的に存続するために必要なさまざまな資金を供給する役割を担っています。

儲かっているとき、景気が悪く赤字を出しているとき、あるいは賞与の支払い、納税、新しい工場の建設など、あらゆる局面で会社には「資金需要」が発生します。

これらのニーズに応えるのが銀行の役目ですが、また別の意味では、〝それに応えるべきかどうか〟を検討するのもまた大切な役目だと言えます。

忘れてはならないのは、銀行はおカネを貸すという重要な業務を通じて、会社の発展に寄与しなければならないということです。ただ単に融資の安全性を判断するだけでは十分ではありません。会社が今後発展していくために、融資を通じてどのように貢献することができるのか、ということを常に考えていくことが、本来、銀行に求められている役割です。

会社に対する銀行の役割

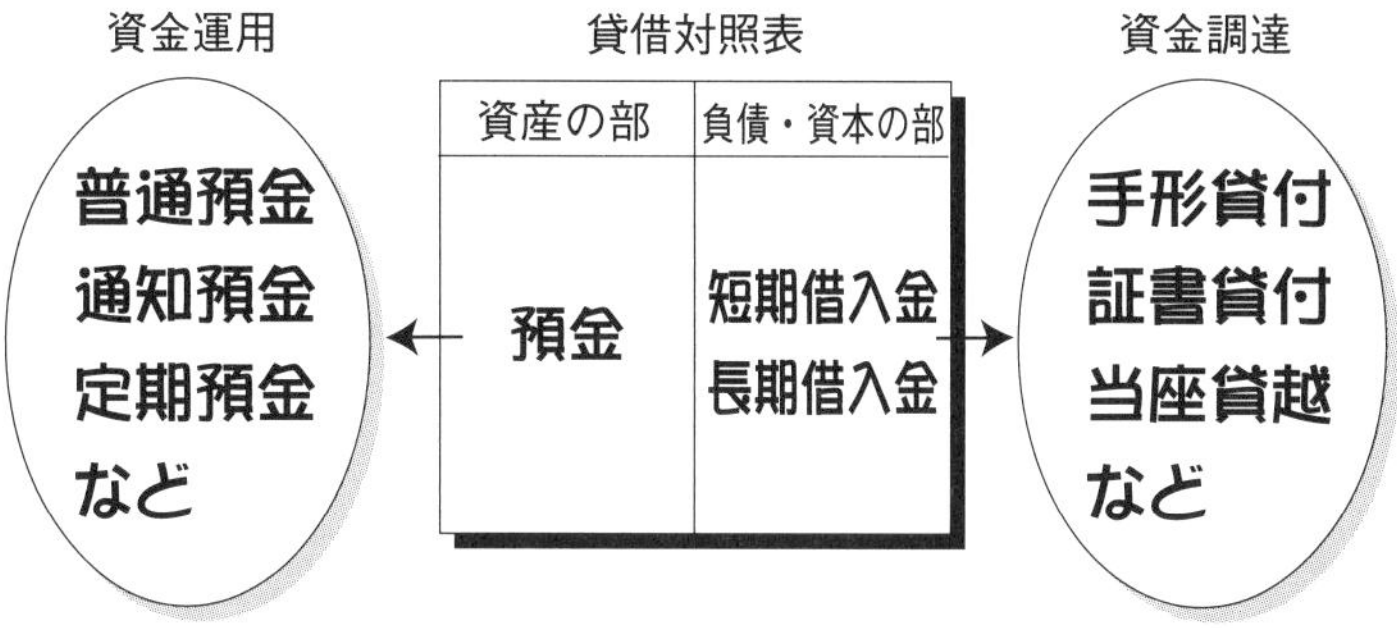

銀行の役割

- 決済機能
- 手形・小切手の発行
- 余剰資金の運用
- 不足資金の貸出

- 経営に関するアドバイス
- 情報サービスの提供
- ヒト・モノの仲介

10 会社にもライフサイクルがある

◉どのライフステージかを把握する

会社は、さまざまな商品やサービスを提供し、市場を拡大させることで成長を遂げていきます。しかし、取引している先が必ずしもみな、成長期にある将来有望な会社ばかりとは言い切れないのが実際のところです。

会社にも、人間が生まれてから老いるのと同様のライフサイクルがあるのです。

主力としている商品・サービスの例を考えてみましょう。いままでにない、新製品を開発したとき、それが社会に受け入れられるかどうか微妙な時期を最初に迎えます。それは会社が迎える最初のハードルだと言うことができるでしょう。これがいったん世の中に受け入れられ、継続的な取引先群が出来上がると成長期を迎えることになります。そして需要がピークを迎え、飽和点に達すると成熟期になり、このとき商品開発や多角化を怠ると会社の衰退期、あるいは急減期といった下降線を辿ることになるのです。つまり全ての会社がこのどこかのライフサイクルに属していると考えられます。

もう少し視野を広げてみると、会社という個別の単位だけではなく、業種というセミマクロの単位でもライフサイクルがあることに気づくでしょう。

取引先の会社が、そのどこに位置しているのかを把握しようとする姿勢が大事です。

会社・業種のライフステージ

ライフステージ	特　　　徴
離　陸　期	商品・サービスが市場に浸透し始めた時期で、本格的な拡大期を迎えられるかどうか不確定な段階
成　長　期	会社の売上が伸び、成長している段階
成　熟　期	急成長することはないが、会社経営が安定期に推移している段階
衰　退　期	主要な商品・サービスに衰退の兆しが見られ、会社の業績も緩やかに降下している段階
急　減　期	市場に対する影響力、占有力が急に減少する段階

11 代金決済の仕組みを理解しよう

◉回収条件により運転資金ニーズは異なる

会社の代金決済の仕組みを考えてみましょう。

左図はある会社の販売・回収の例です。この会社は毎月15日締めで翌月末に販売先から代金を回収していますが、実際に翌月末に現金で受け取ることができるのは代金の約半分だけで、残りの分は90日サイトの約束手形で受け取るという取り決めがあることがわかります。

当月から換算すると、売上の全額が資金化されるのは〆日から4カ月先ということになり、その間、この商品を製造するために仕入れた材料費などの支払いがあれば、その分を立て替えなければならなくなります。これが運転資金発生の仕組みです。

会社の仕入れ条件や販売先からの回収条件がどのようになっているのかということは、とくに運転資金を融資する場合にきちんと押さえておかなければならない項目です。「この会社は立替期間が長いから常にこのくらいの資金が必要だ」という知識が頭に入っていると、取引先との話が噛み合って、相手の資金需要がよくわかるようになります。

運転資金需要発生の仕組み

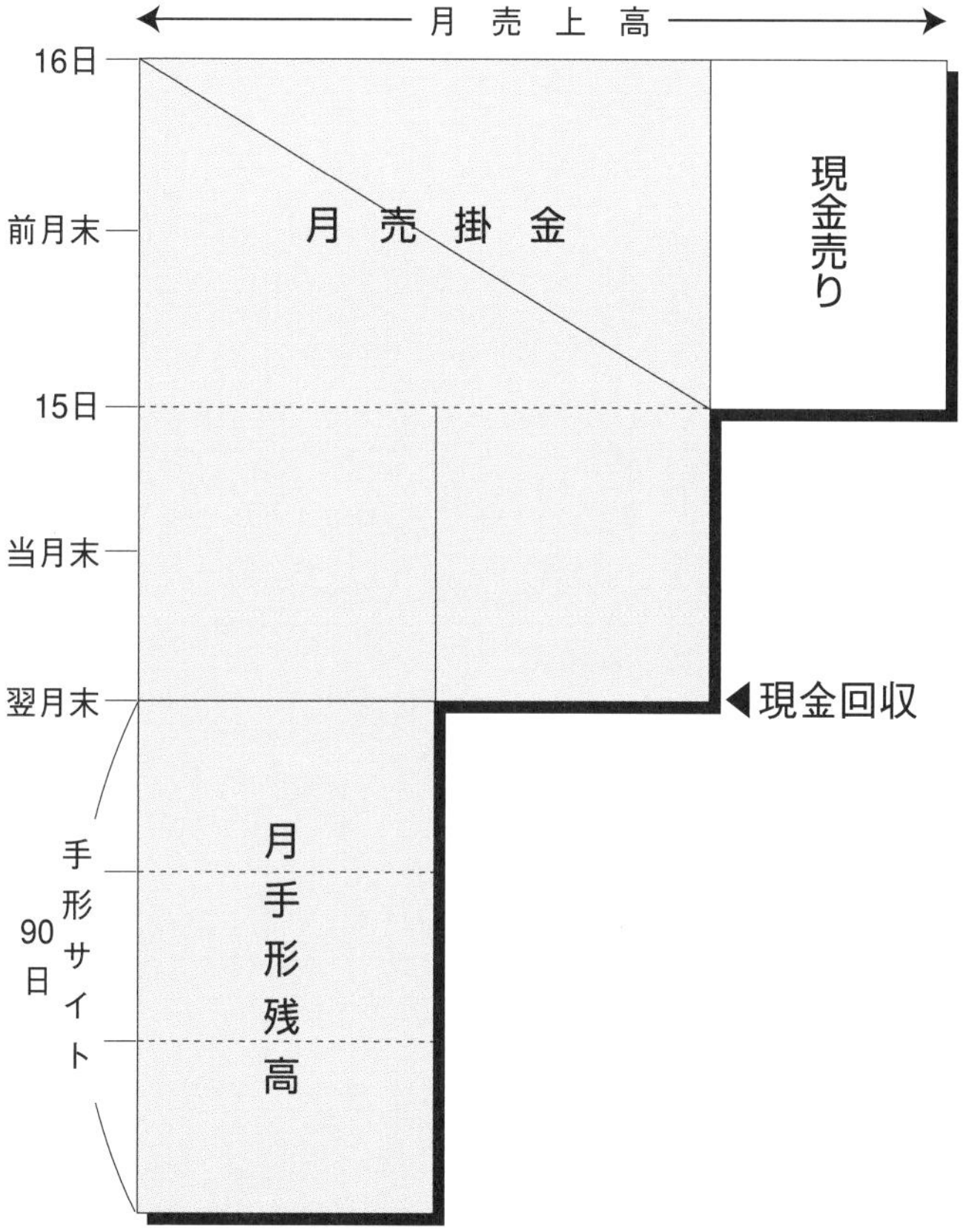

12 新規取引先と既存取引先とはどう違う？

◉新規開拓の必要性を理解しよう

従来から融資取引の実績のある取引先のことを既存先と呼びます。これに対し、新規工作担当者が中心になって工作し、新しい取引をこれから開始するという会社が新規取引先です。

銀行の支店は、多くの親密な取引先群によって支えられています。このような取引先は、既存先の中でも、支店の中心的な取引を担っているという意味で「親密先」などと呼ばれ、中でも大口の取引で貸出の柱になっているような取引先は「根幹先」などと言います。

しかし、支店がますます発展していくためには、これらの既存先ばかりに頼ってはいられません。既存先の資金ニーズは限られているのです。またかつて繁栄していた会社が長い年月を経ていまもなお業績が伸び続けているという例は残念ながらあまり多くはありません。

このため、支店の貸出ボリュームを伸ばし、発展させていくためには既存先だけでなく、新しい取引先を開拓していく必要があります。そのために、どこの銀行でも新規開拓担当には、支店の「エース」をキャスティングしています。優秀な人材を投入することにより、良い取引先をたくさん獲得できれば、将来にわたって支店の業績に寄与することができるからです。

新規取引先の位置づけ

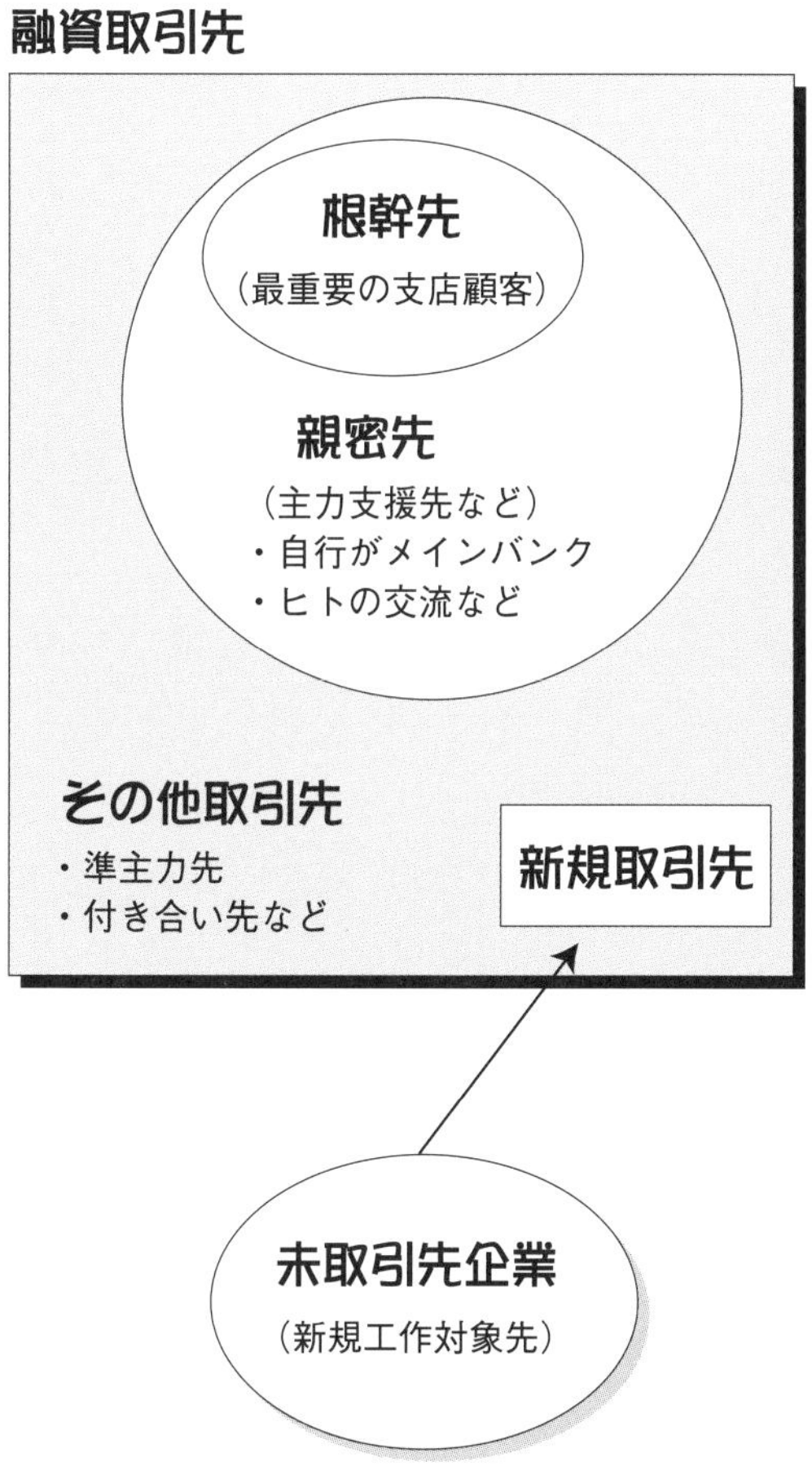

融資取引先
根幹先
（最重要の支店顧客）
親密先
（主力支援先など）
・自行がメインバンク
・ヒトの交流など
その他取引先
・準主力先
・付き合い先など
新規取引先
未取引先企業
（新規工作対象先）

13

取引先スジ・業歴を把握しよう

◉安全性を測る重要なモノサシ

ひとつの会社を支えているのは販売・仕入れをする取引先で、これを取引先スジと言います。

この取引先スジが会社の営業基盤の重要な一角を占めているということを忘れてはなりません。会社の安全性を分析するときに、どんな取引先を擁しているのかというのは必ず検討される項目です。

それと同様に、業歴もまた重要な安全性ファクターだと考えることができます。業歴が古く、そして取引先に恵まれた会社は、経営指標といった数字では表せない強みを持っていると考えられます。

会社の実態を把握する場合、その安全性に注目するのは当然のことです。一般的に安全性を測る物差しとしてさまざまな経営指標がありますが、取引先スジ、業歴など「経営基盤の質」は、経営指標と同様に重要なファクターです。

ただし、取引先に恵まれるといっても、ただ大企業と取引していればそれでいいというのではありません。長く親密な取引関係にあるかどうかということも重要なポイントになります。継続的かつ安定的な取引関係を持っているかどうか、しかも一社に集中しているのではなく、ある程度取引先が分散しているか、ということも与信判断をする上でのポイントです。

取引先はどのタイプか

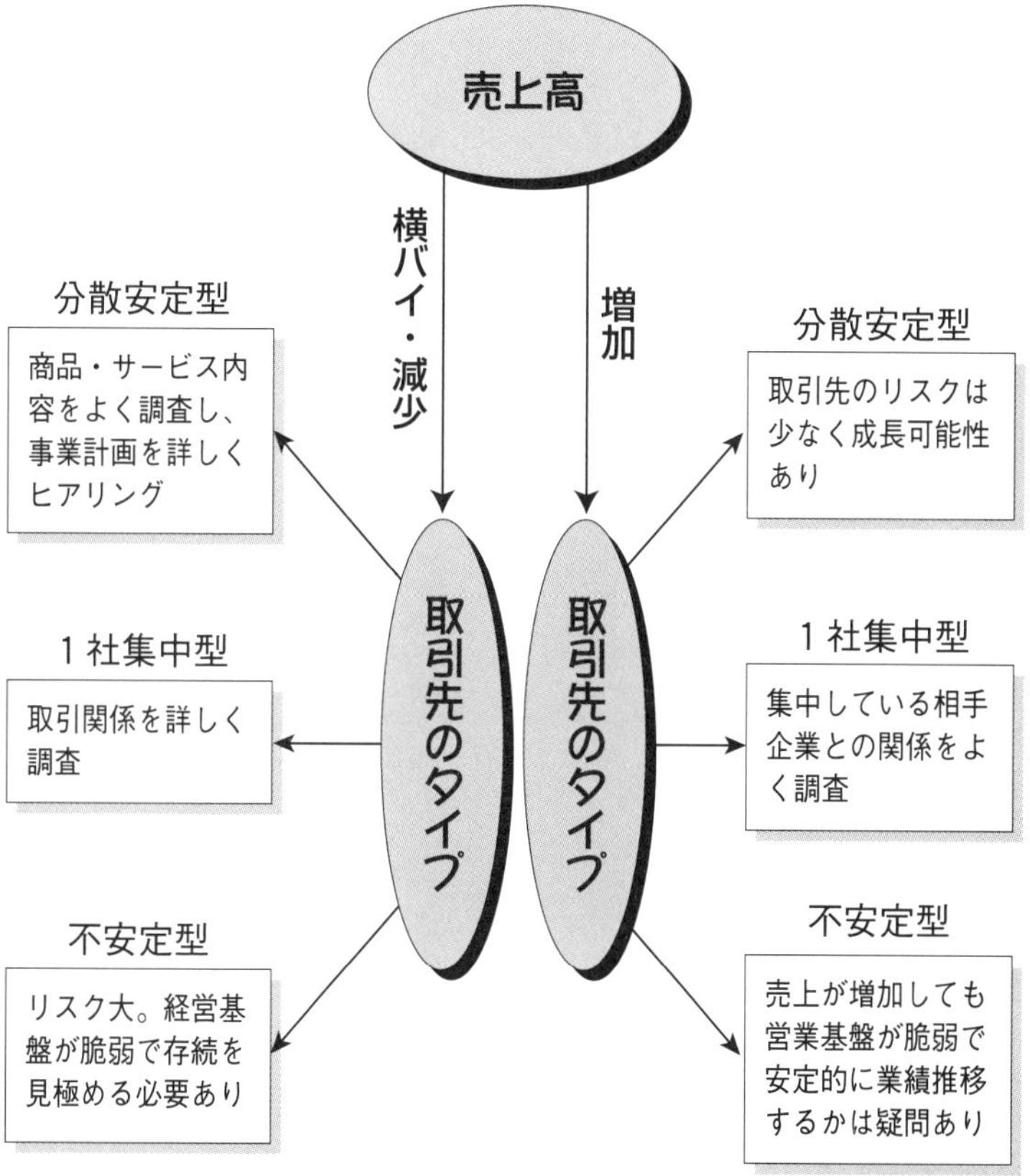
売上高
横バイ・減少
増加
取引先のタイプ
取引先のタイプ
分散安定型
商品・サービス内容をよく調査し、事業計画を詳しくヒアリング
1社集中型
取引関係を詳しく調査
不安定型
リスク大。経営基盤が脆弱で存続を見極める必要あり
分散安定型
取引先のリスクは少なく成長可能性あり
1社集中型
集中している相手企業との関係をよく調査
不安定型
売上が増加しても営業基盤が脆弱で安定的に業績推移するかは疑問あり

14

株主構成に注目する

◉オーナー型か他社の資本が入っているか

安定的な株主を擁することは、企業経営の土台となります。

取引先の資本を把握する場合のポイントは、現在の経営者によって過半数の株が押さえられているか、社外に会社の営業方針をこころよく思っていない影響力のある株主がいないか、といった点になります。また、オーナー企業で現社長が高齢の場合は、しかるべき後継者がいるかどうかということもきちんと押さえておかなければなりません。

また、取引先の中には、他の会社から出資を受けているケースもまま見受けられます。

ここで出資している企業が、誰でも知っているような大企業だと、「ああ、この会社が出資していれば大丈夫」とつい油断しがちですが、決してそんなことはありません。出資しているからといって、業績が悪化した場合に支援するかどうかは別問題です。かつては出資している会社は助けるケースが多かったようですが、最近はほとんど関係がないと考えたほうが無難です。

資本金として数千万円を出資していたとしても、何億円という負債を抱えてしかも今後の見込みがないとなれば、下手に支援して大きく焦げ付くよりも出資した分をあきらめたほうが安上がり、とドライに切り捨てられることも少なくありません。

株主構成のチェックポイント

オーナー企業の場合	・社長をはじめ経営陣で安定株を保有しているか ・社外の第三者が大株主になっていないか ・社内に経営権をめぐる争いはないか ・後継者は誰か
上場会社の資本が入っている場合	・資本の割合は何パーセントか ・カネだけではなく、出向者の受入れなどの有無 ・出資以外の支援体制はどうか

15

資産背景を把握する

◉担保の内容・担保余力を正確につかむ

取引先企業の資産はできるだけ詳細に把握して下さい。

不動産など固定資産を所有している場合は、土地などが時価でどの程度の価値があるものなのかを調査します。会社の所有物ならば決算書に土地の値段が掲載されていますが、これはあくまで簿価。購入当時のものですから、それを現在の実勢価格に置き換えます。

また、借入の担保として自行がどの資産を担保に申し受けているのかということ、その物件にはまだ評価余力があるのか、それ以外に担保として申し受けることのできる資産の有無等を事前によく調査しておくといいでしょう。

取引先の資料を綴じたクレジットファイルには、取引先及び社長の所有資産として不動産、有価証券、預金などをまとめて一覧表にしておくと、与信判断をする上でとても効率的です。これらのデータは、半年ごとを目安に評価の洗い替えをして、内容を更新しておくといいでしょう。

資産内訳一覧表を活用

資産表の例

所　有　者	項　目	明　細	評価単価(円)	数量	評価額(千円)
中野工業㈱	不動産	中野区中央	400,000	200	80,000
中野工業㈱	株	近代建設	1,500	1,000	1,500
社長	不動産	自宅マンション	35,000,000	1	35,000
	⋮				⋮
小計					116,500

16 社内ウォッチングの手法

◉ポイントはトイレ・階段・予定表

「百聞は一見にしかず」の言葉通り、実際に取引先を訪問してみると実にいろいろなことがわかってきます。企業を構成するのはヒト・モノ・カネと言われますが、概要表やクレジットファイルの情報だけでは捕捉できない企業の実態がそこにあります。

取引先を訪問したらまず社内の様子に注意を傾けてみましょう。

成長している会社には活気があります。取引先を訪問したときの応対、社員の仕事ぶりなどを観察すると、決算書に載っている数字では表せないものを感じとることができるでしょう。

融資の現場で綿々と語りつがれている社内ウォッチのポイントは、トイレ、階段、予定表です。トイレの掃除は社内モラルを写す鏡。階段に野積みの箱があればそれは返品によるデッドストックではないか疑ってみる。営業用の黒板には受注状況がリアルタイムに反映されている――というわけです。

漠然と会社を訪問するのではなく、内部の様子から会社の業況を冷静に判断する姿勢が大切です。

社内ウォッチのポイント

・社内は整理整頓されているか（社内環境）
・階段などに野積みの箱はないか（在庫状況）
・予定表にある受注状況はどうか（受注増減）
・経理担当者の机にサラ金の案内などないか（資金繰り）
・社員の雰囲気はどうか（モラル）
・工場などの機械は老朽化していないか（製造効率）

17

企業のヒトをどうみるか

◉社内と外部では評価が異なる

企業を構成するヒトの質は会社の業績を左右する重要なファクターです。社長がリーダーシップを発揮して、社内をきちんとまとめているか、社員の仕事に対するモチベーションは高いか。これらのことは、決算書には表れませんが外的な経営環境と同様に大切なことなのです。

外部からの評価と、社内の評価がかなり異なるケースもままあります。

銀行でも社長の人柄や経営能力に対して何らかの評価付けをしているケースは少なくありませんが、どんどんバリバリ仕事をこなす精力的な社長さんに高い評価をしていたところ、社内での評判はさんざんで営業部長が部下を引き連れて退職してしまったなどということもあります。

中小企業の営業は、会社というより社員個人が取引先との結びつきで何とか維持されているケースが多く、営業の人脈を一手に握っていた部長さんが退職したとなると取引先も一緒に失う非常事態になってしまいます。従業員のモラルが低下している場合は、その原因がどこにあるのか一歩掘り下げてみると取引先の実態がより理解できるはずです。

経営者の資質はここをチェック

	チェックポイント
人　　格	・常識、良識のある人物か ・約束をキチンと守るか、責任感があるか ・会社や社員に対して自己犠牲を払えるような人物か ・何事にも冷静な判断を下せるか ・バランス感覚のある人物か ・仕事に対する情熱があるか
経営能力	・リーダーシップをとれるか ・将来のビジョンがあるか ・専門的な知識を有しているか ・社内外の評判はどうか
対銀行取引	・銀行の存在を肯定的、プラス的にとらえて取引しようとしているか
個人資産	・資産背景はあるか
健　　康	・健康か
環　　境	・家族や交友関係は円滑か
趣　　味	・ギャンブルや投機に凝っていないか

18

資金需要はなぜ発生するのか

◉収支のズレは何カ月分あるかを知る

資金需要が発生する仕組みをとても簡単なモデルで考えてみましょう。

左図は、ある会社の1カ月間の支払いと回収のスケジュールを極端に簡略化したものです。

これで見ると、この会社は毎月15日に仕入れ代金を支払っています。その一方、実際の販売代金を回収できるのは月末ということですから、回収までの間、この会社は資金を立て替えているわけです。

この立て替えは、取引先がこの仕入先と販売先を相手に商売をする限り継続的に発生するものです。これを運転資金と言い、取引先にそれを支払うだけの資金的な余裕がない場合に生まれるのが、資金需要なのです。

このような支払いと回収とのズレのことを「収支ズレ」と言います。運転資金は収支ズレのもとに発生し、「月商の何カ月分あるか」という見方をします。取引先から一社ピックアップして、その会社の収支ズレが何カ月かを計算してみるといいでしょう。すると、その会社が基本的に必要としている商売上の資金がどのくらいかわかります。

運転資金と収支ズレ

覚えておこう！

- 受取手形と売掛金を合わせたものを売上債権と言う
- 支払手形と買掛金を合わせたものを支払債務と言う
- 収支ズレとは、売上債権と支払債務の差額のこと
- 収支ズレに在庫を加えたものが所要運転資金になる

所要運転資金は月商の何カ月分？

$$\frac{(\text{受取手形}+\text{売掛金})+\text{在庫}-(\text{支払手形}+\text{買掛金})}{\text{月商}}$$

※第2章19.「所要運転資金の算出」を参照

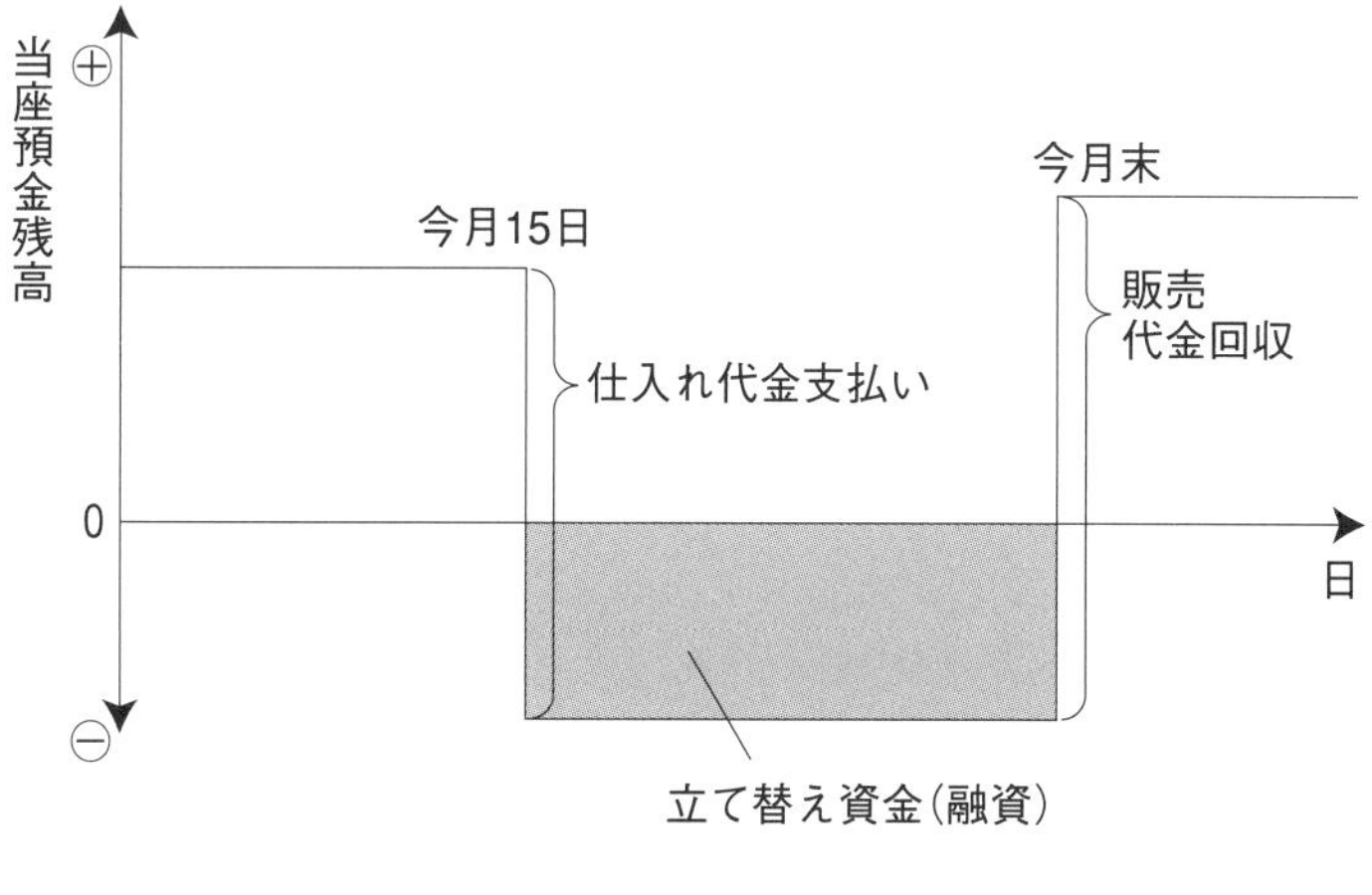

19 割引手形で資金需要を把握する

◉「手形の先食い」は資金繰り逼迫の兆候

通常、会社は、取引先から集金してきた受取手形をある程度ストックしています。

銀行に持ち込まれる割引手形は、その中から銘柄などを選りすぐったものですが、金利払いを抑えるために会社はできるだけ支払期日の近いものを銀行に持ち込みます。割引帳などの控えを見て下さい。業況が一定している会社からの割引手形は、期日までの期間がおおよそ揃っているはずです。

ところが、会社が業績不振に陥ると売上が減少しているわけですから、受取手形の残高も減ってきます。今まで3カ月のストックがあったという会社も、通常ならば来月、再来月までとっておくようなものまで今月の資金繰りのために割引に回したりするのです。

すると従来のものに比べて、手形期日の先のものが増えてきます。実はこれが資金需要の兆候で、その会社は資金繰りが苦しくなってきたために「手形の先食い」をしているのです。割るための手形がなくなったとき、取引先は銀行に対して融資の申込みをしなければならなくなります。

割引手形の変化でわかる資金需要

変化の内容	考えられる背景
持ち込み手形の支払期日までの期間が次第に長くなってきた。手形振出日が最近のものになってきた	売上の不振により、受取手形が減少。本来ストックしていた手形まで割引に回している
手形銘柄が集中してきた	販売先の一極集中、あるいは大口の受注あり。リスク分散の観点から、販売先は分散していたほうが良い
手形銘柄の質が落ちた	優良販売先への売上減少
割引手形のサイトが長くなった	売上の減少。あるいは取引先からの支払条件の変更
仕込先（逆スジ）の手形がある	資金繰りの窮状から、融通手形を依頼。あるいは新しい取引の発生
ラウンドナンバーの手形が増えた	ラウンドナンバーとは、端数のないキリのいい金額の手形のこと。融通手形の可能性あり
金額欄に経理担当者の認印がない	金額欄に経理責任者の認印がない手形が混ざったときは、融通手形の可能性がある

20 取引先からのヒアリング

◉しっかり聞き、必ずメモをとる

ヒアリングの基本は、売上の聞き取りにあります。売上の増減を聞き、次にその理由というように、話を進めていきます。資金需要に結びつかないか、あるいは危険なサインが出ていないかということを考えながら面談しましょう。

ヒアリング事項は取引先情報として上席者に報告したり、あるいはクレジットファイルにメモにして補足したりすることによってはじめて業務に生かされます。金融の自由化が進んだとはいえ、他行とくらべあまり変わりばえしない商品を売っているわけですから、情報を制する者は貸出案件を制す、と言っても過言ではありません。

ヒアリングをする場合は、相手が話しやすいように、あまりこちらが一方的に話すようなことは控え、大事なポイントでは、相手の表情の変化などもよく見ておくことです。また、新人のうちは自信のなさから、わからない単語があってもなかなか聞き返せないものですが、それをきっちり聞くことが相手の信頼にも結びついてきます。知ったかぶりは禁物です。

取引先からヒアリングするときには必ずメモを取るようにして下さい。重要な情報が含まれていることが多いですから、記憶に頼るのではなく、記録に残すことが大切です。

ヒアリングのポイント

1st Question	2nd Question	3rd Question
最近の売上動向	売上増加の理由 売上減少の理由	資金調達計画の有無 最終利益は確保されているか 決算の見込み
主力商品の売行き	市場の需要動向 競合他社の有無 将来性についての意見	新製品開発シェアの変動 当社の将来像
他行の状況	売込み内容	それに対する感想
主要仕入・販売先動向	支払・回収条件の変更の有無	資金ニーズの有無

21 取引先ニーズの発掘

◉理解が不十分では提案もできない

ヒアリングの結果、取引先の資金需要が判明したら左表の項目をしっかりと整理して下さい。

とくにきちんと押さえておかなければならないのは、資金使途です。与信判断上、重要なウェイトを占めるこの項目については、取引先ニーズをキャッチした段階で納得できるまで質問し、話の要点をまとめておく必要があります。

商売の内容などについての知識が不足していたり、資金需要発生の理屈はわかっているつもりでも、実際に取引先の話を聞いて資金ニーズを把握するのは案外と難しいものです。

しかし、理解が不十分なままでは稟議もうまく作成できませんし、取引先に対してメリットのある提案をすることも難しくなります。

取引先の担当者に対する遠慮などからヒアリング内容を曖昧なままにしておくと、結局、取引先に迷惑をかけて信用を失うことにもなりかねません。相手の話は自分が理解できるまでしっかりヒアリングしましょう。

ニーズキャッチ後のヒアリングポイント

資金使途	何に使うのか
必要金額	いくら必要なのか
必要時期	いつ必要なのか
融資条件	借入の希望条件 （融資形態・期間・レート・担保の有無）
他行状況	他行との割り振り

22 商環境の変化に目を向ける

◉クレジットファイルを定期的に点検・変更

取引先概要は常に変化しています。主力商品ひとつとっても、そこには必ず盛衰があり、いつまでも主力として生産を継続するだけのニーズが持続するわけではありません。

常に新しい商品やサービスが開発される一方、新しい取引先開拓も進めているわけですから、商環境が変化するのは当然のことです。

取引先企業の概要把握では、銀行がとらえている「取引先像」「イメージ」と異なる変化が訪れていないか、という視点は欠かせません。

「いま取引先はどうなっているのか」「何か変わったことはないか」という視点は常に持ち続けている必要があります。「会社内容など常に同じ」とか「そう簡単に変わるわけがない」という先入観は捨て、新鮮な気持ちで接しましょう。

会社内容の変化など、緊急を要するものはすぐに口頭で上司に報告するなり、「店内メモ」等を作成したりします。また、取引先のクレジットファイルには、業種や取引先スジなどをまとめた概要表などが添付されていると思いますが、必要に応じて内容を変更の上、定期的に差し替えるようにしましょう。

商環境のチェックポイント

1	主力商品・サービスに変化はないか
2	主要仕入先、販売先は変わってないか
3	市場動向に変化はないか
4	競合他社の状況はどうか
5	市場でのシェア変動はないか
6	営業体制・販売網に変化はないか
7	生産体制に変化はないか

23 キーマンとの交渉を心がける

◉事前準備が成果を左右する

取引先との交渉は、決定に大きな影響を及ぼす実力者に対して行ったほうが効果的であることは言うまでもありません。何度も交渉しているのに一向に話が進展しない、社長にまで話が通らないというとき、提案内容に自信があるなら、交渉する相手が間違っているかも知れないと考えてみても良いでしょう。

経理の課長さんや部長さんが常にキーマンとは限りません。ワンマン社長が君臨する会社では、決定事項はトップダウン型が多く、社長に直接交渉するしかありません。

また、最も基本的なことですが、交渉する相手の行為能力や代表権の有無なども確認しておく必要があります。

社長など、会社のトップと直接交渉する場合には、事前の準備をしっかり行い、交渉内容によってはこちらも支店長さん、支社長さんに訪問してもらうなどして、礼儀をつくす配慮は欠かせません。また、前触れもなくいきなり社長に交渉すると、現場の担当者などから「頭越しにやられた」という反発を招くことがありますから、担当者レベルでは事前に話を通しておきます。

優秀なバンカーはやはり交渉の技術も優れています。その一方、強引なやり口でうむを言わせぬ交渉をする人がいますが、ローンパワーをかさに着る交渉はNGです。相手のメリットをよく考えて、いかに実りある提案ができるかが勝負です。

交渉のポイント

・交渉する内容をきっちり固める
・キーマンと交渉する
・相手の主張をよく聞く
・相手のメリット、デメリットを把握する
・権限外の交渉はしない（判断できないときには持ち帰る）

24 ビジネス・マッチングとは何か

◉センスと手腕で他行と差別化を図る

何とか攻略したい新規工作先や、できればもっと深耕したい既存融資先に対するアプローチのひとつとして、近年、ビジネス・マッチングが注目されるようになりました。

新規工作の対象先企業は優良企業が多いので、競合他行が殺到しています。そんな会社に対して「おカネを借りて下さい」という当たり前の交渉を続けても、なかなか実績に結びつきません。

そこで注目されるビジネス・マッチングとは、相手企業に対してビジネスを仲介する手法のことです。

新たな顧客を紹介したりして取引先の経営に寄与するビジネス・マッチングの手法は、低金利の有利な融資を提案するといった直接的なアプローチとは一線を画すものです。

取引先のニーズを把握し、みなさんの銀行が擁する取引先群の中からそれにマッチする会社を選んで仲介する。そこで商談が成立すれば、きっとその会社は、みなさんの銀行に預金口座を開設してくれるでしょうし、そこまでくれば融資取引獲得はもう目前です。

このように、融資獲得目的でやることが多かったビジネス・マッチングですが、最近では手数料収入になる銀行の一ビジネスとして考えられるようになりました。

どの会社にどんな商談を、あるいはどんな取引をマッチングさせるか。それはみなさんのセンスと手腕にかかっています。ビジネス・マッチングで他行と差別化を図りましょう。

ビジネス・マッチングの仕組み

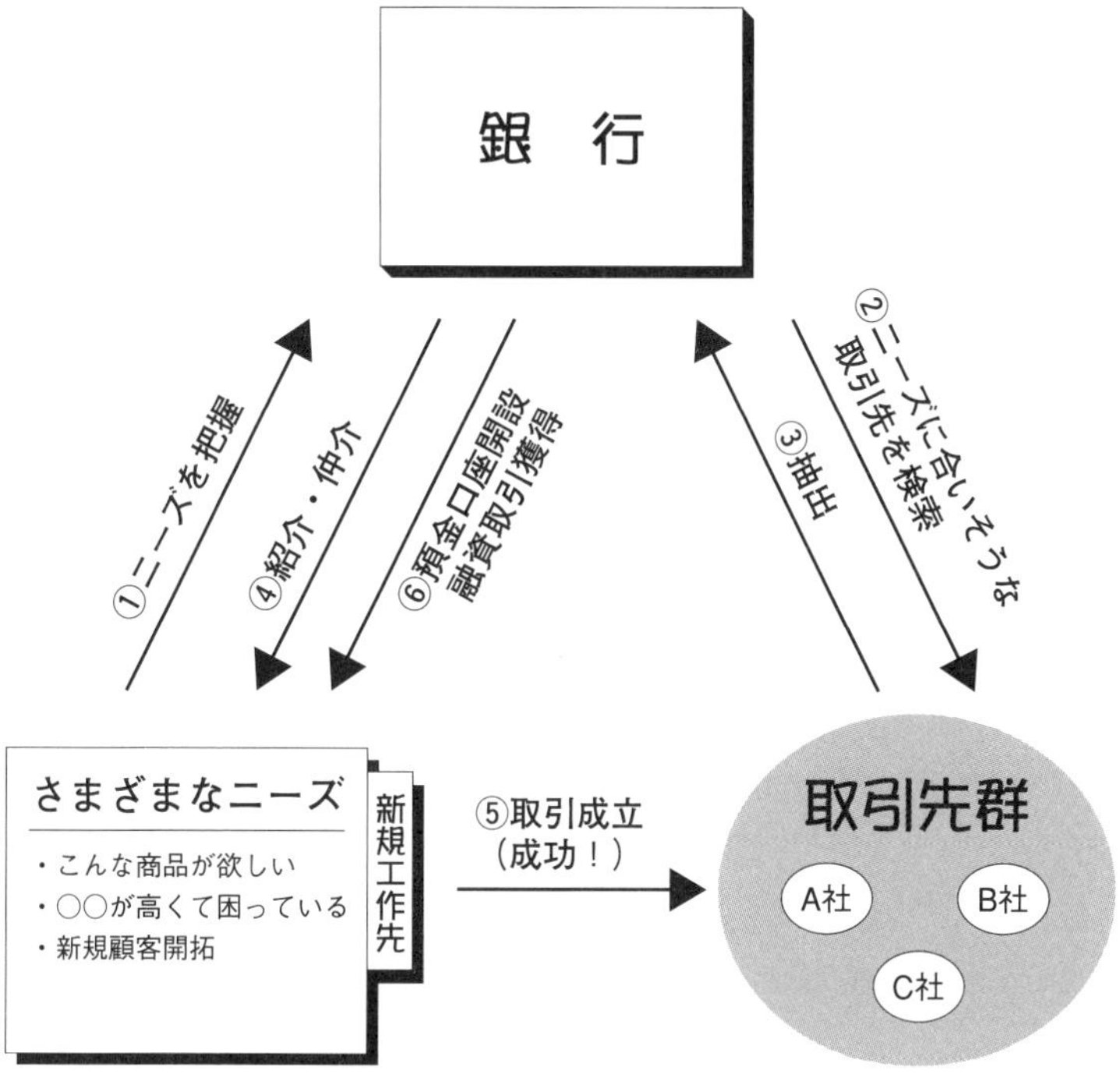

25 断る案件ほど早く回答する

◉回答が遅れれば顧客は不利になる

お客様から融資の申し入れがあったときには、稟議承認の見通しが薄い場合でも独断で回答せず、メモや稟議書の形で上席の判断を仰ぐのが銀行のルールです。

このとき、断らなければならないような「危うい」案件ほど早く回答しなければなりません。

顧客にとって資金繰りはまさに会社の存亡のかかった問題です。銀行の回答が遅れればそれだけ資金調達の範囲を狭めてしまう結果になり、時間が経過すれば顧客の不利益はそれだけ大きくなります。

取引先である個人や法人が、金融機関から資金調達を行うためには1週間から10日の審査期間はどうしても必要になります。

断る案件ほど早く回答しなければならないのは、融資を断られた相手企業や個人がその後に再度、調達先を見つけなければならないからです。

融資のプロとして、銀行の融資審査が遅れたために、取引先の資金繰りに支障を来す事態は絶対に回避しなければなりません。また、そんなことになれば顧客との信頼関係を損なうことにもなりかねませんし、「貸し渋り」等の批判を招きかねません。

依頼された融資をお断りするときには相手の気持ちもよく考え、丁寧な応対を心がけて下さい。

業況不芳先との交渉　3つの鉄則

① 独断専行は禁止！	自分で勝手な判断をしない。何事も上席に相談の上、慎重に
② クイックレスポンス	素早い対応を心がける
③ 記録を残す	取引先との交渉記録はこまめに残すこと。あとで問題になったとき、経緯が把握できるようにしておく

26 融資予約は厳禁

◉損害賠償請求訴訟も起こりうる

融資をこれから申し込む、あるいはすでに申し込まれて審査中のお客様から、融資の可否について問い合わせを受けることがよくあります。

こんなとき、審査結果が出るまでは、融資実行を約束するようなことを言わないよう十分気を付けて下さい。また、金銭消費貸借契約証書などを予め交付するなどの行為も十分注意して、稟議承認前には決して行ってはなりません。

融資の約束をすることを「融資予約」と言います。融資予約とは、銀行が取引先に対して将来の融資について「予約」、つまり必ず実行しますと約束することを言います。

取引先を安心させようとした発言が融資予約ととられることも少なくありません。みなさんは融資の新人かも知れませんが、取引先にとってみれば立派に銀行の意思を代表している担当者だからです。

その担当者が、「融資は大丈夫でしょう」と言えば、たとえ個人的な意見を述べたつもりでも取引先の誤解を招くことになりかねません。融資予約は、取引先との関係を悪化させる可能性があるだけでなく、場合によっては銀行に対して損害賠償請求訴訟が起こされる原因となるケースもある程です。

融資予約ととられかねない言動

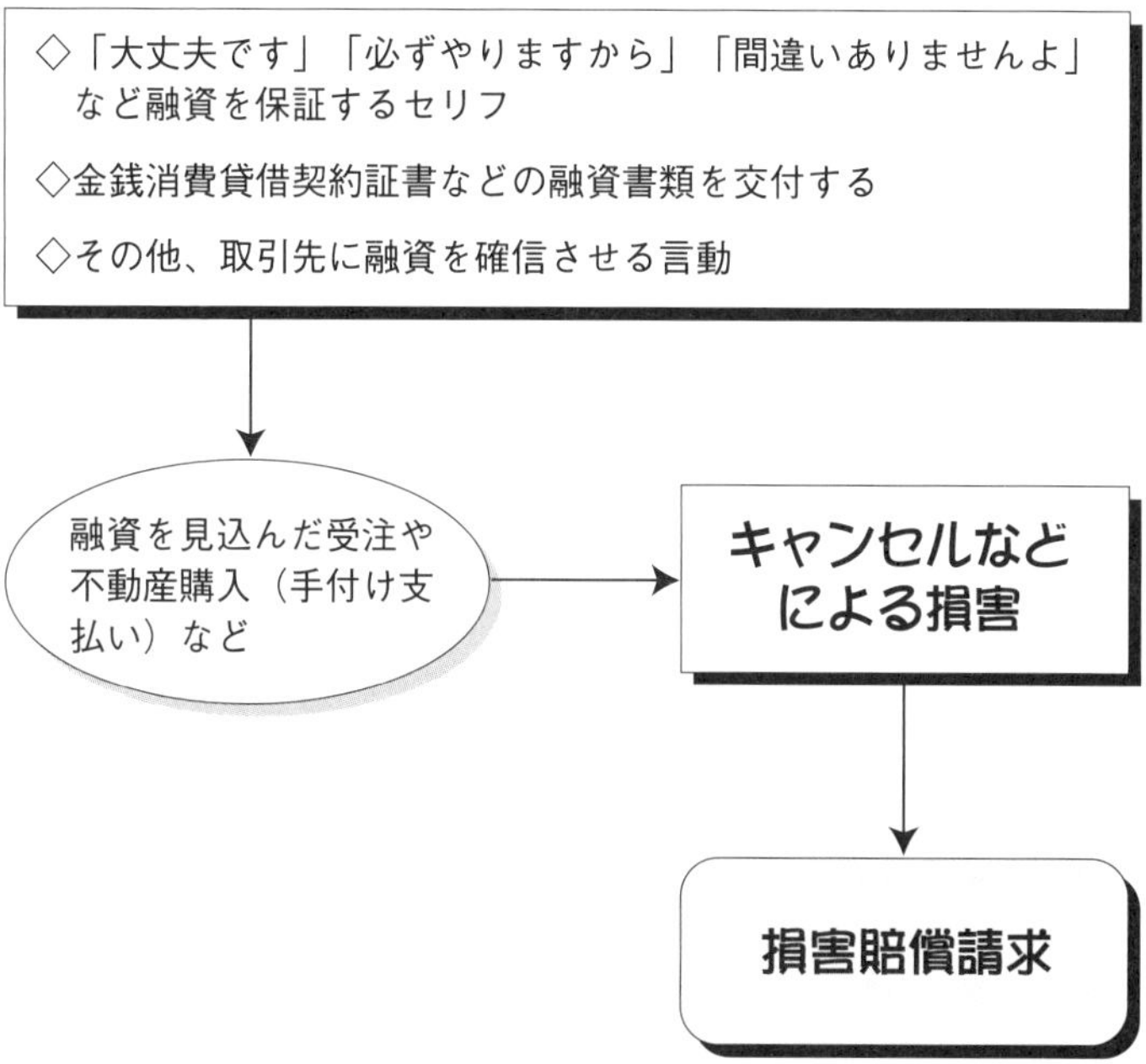
◇「大丈夫です」「必ずやりますから」「間違いありませんよ」など融資を保証するセリフ
◇金銭消費貸借契約証書などの融資書類を交付する
◇その他、取引先に融資を確信させる言動
融資を見込んだ受注や不動産購入（手付け支払い）など
キャンセルなどによる損害
損害賠償請求

27

融資案件の進め方

◉まず自分で考え、評価を行う

融資案件はまず顧客の資金需要を把握するところから始まります。融資担当者はそれを来店ベースで聞き出す方法と、直接取引先を訪問し、相手担当者との面談の中でヒアリングする方法と2つのアプローチを有しています。

融資と企業業績とは密接に結びついています。

融資の申込みを受けたとき、次にすべきことはもちろん与信判断ですが、これは、企業財務分析と業界動向などのセミマクロ的な視点に基づいた評価、貸出の採算、そして担保などの条件面の検討を含めた上で総合的に行います。

融資を実行し、取引先を支援すべきかどうかは最終的に稟議で決定しますが、そのためにはまずみなさん自身の考え方・意見をまとめる必要があることは言うまでもありません。

稟議書にせよ、店内でのメモにせよ、事実をそのまま並べただけでは案件のたたき台としては不十分です。そこにみなさん自身の評価やコメントを加え、「私はこうしたい」という部分を加えなければならないのです。

次項でどうすれば自分の意見をまとめることができるか、稟議書の構成について説明していきましょう。

融資案件の実行までの流れ

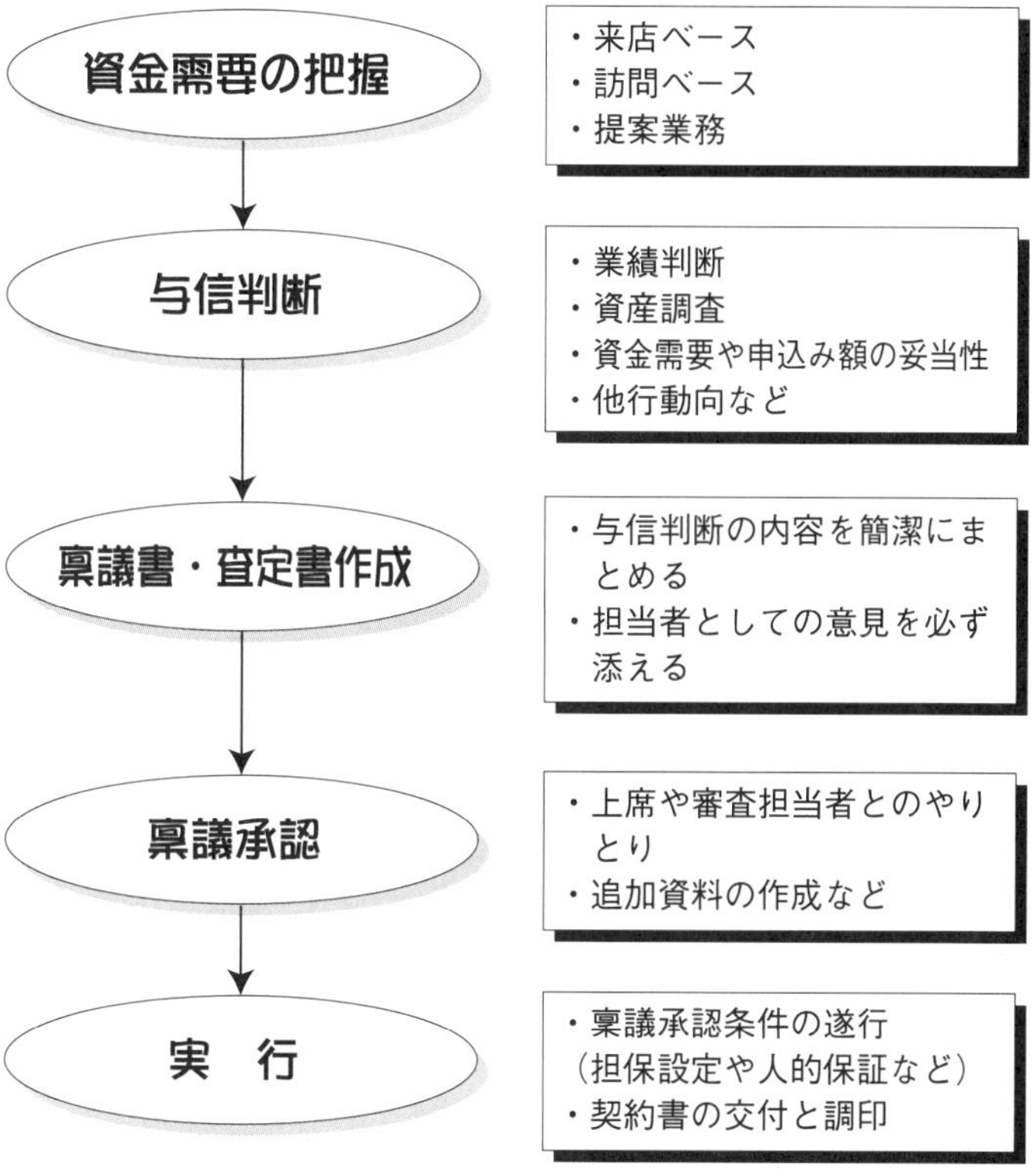
資金需要の把握
・来店ベース
・訪問ベース
・提案業務
与信判断
・業績判断
・資産調査
・資金需要や申込み額の妥当性
・他行動向など
稟議書・査定書作成
・与信判断の内容を簡潔にまとめる
・担当者としての意見を必ず添える
稟議承認
・上席や審査担当者とのやりとり
・追加資料の作成など
実　行
・稟議承認条件の遂行
（担保設定や人的保証など）
・契約書の交付と調印

28

融資稟議書の構成を考える

◉企業内容・融資内容・条件面の3点で検討

稟議書の所見欄を書くときの構成にはさまざまなものがありますが、たとえば①取引先企業の財務分析（信用格付け）、②融資申込み内容の是非、③採算・引当など条件面の検討、④総合判断、という構成はオーソドックスなものと言えます。

まず取引先企業の財務分析ですが、いまではこの多くの部分が信用格付けとリンクしていて、定量要因や定性要因の観点から（本章36・「取引方針に沿った対応をしよう」参照）取引先に対する融資方針が予め方向付けされています。稟議では、この結果を踏まえ、今後の業績がどう変化するのか、たとえば今期末の売上高がいくらで、どのくらいの利益が上がるのか、その結果、格付けはどう変化すると見込まれるのか、といった内容について検討していきます。

融資申込みの内容の是非とは、希望融資額について、業績や取引関係、引当面などから妥当なものかどうかを判断することです。

さらに、その融資案件が銀行の期待する採算ラインにのっているかどうか、また融資を行う際の担保は十分確保されているかという条件面を検討します。

以上のような検討を加えた上で、融資担当者は融資の申込みを受けるのか見送るのかという総合判断を行います。

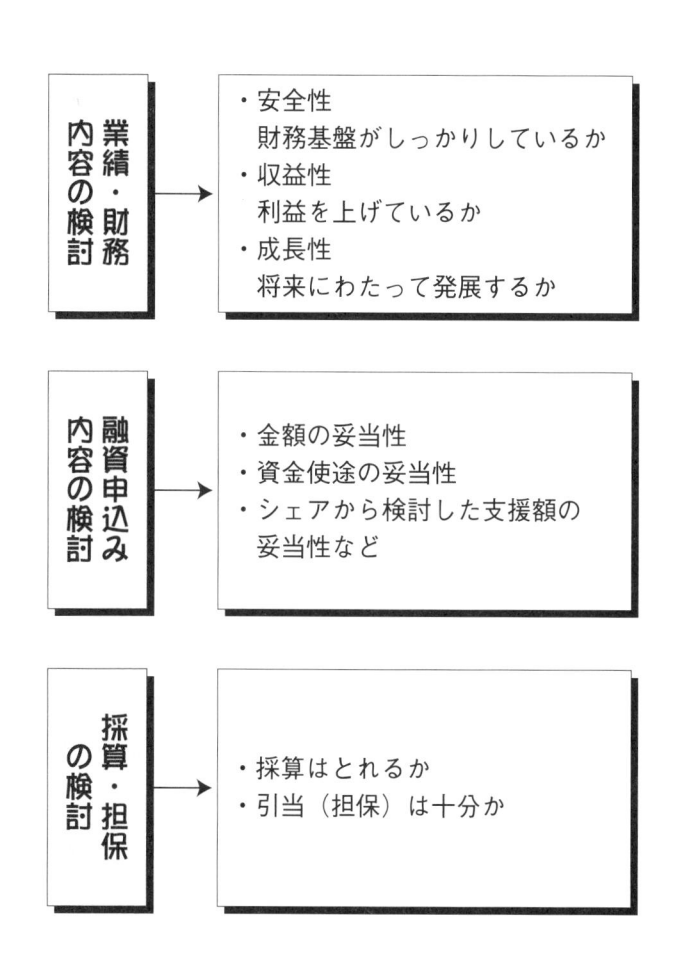

与信判断のための検討事項

業績・財務内容の検討 →

・安全性
財務基盤がしっかりしているか
・収益性
利益を上げているか
・成長性
将来にわたって発展するか

融資申込み内容の検討 →

・金額の妥当性
・資金使途の妥当性
・シェアから検討した支援額の妥当性など

採算・担保の検討 →

・採算はとれるか
・引当（担保）は十分か

29

与信判断のポイント①

◉希望融資額の妥当性

稟議書を作成するための前段階として、取引先から融資の申込みがあった場合、その会社の信用格付けなどを勘案し、調達計画そのものが妥当なものかどうかを判断します。

また、「そもそも当行がやるべき案件か」という〝足元〟の視点も大切です。

与信判断では、融資シェアもひとつの検討材料で、とくに業績が悪化している企業から運転資金の申込みがあった場合、主力銀行ではなく準主力以下の銀行に全額の借入を申し入れてきたら、「これはおかしい」と疑問に思ってみる感覚が大切なのです。

また、取引先が借入の申込みをしてきた背景には、当然のことながら資金需要があります。運転資金にせよ、設備資金にせよ総額でいくら必要になっていて、そのうちのいくらを銀行借入で調達しようと考えているのかという全体像をつかんで下さい。

財務からの妥当性を把握するためには精査が必要ですが、融資シェアや、資金調達計画の妥当性をチェックするのは、融資申込み時点でも容易です。

「貸すも親切、貸さぬも親切」という言葉がありますが、借入が取引先にとって本当に必要なものかどうか、よく検討して下さい。

財務分析と取引関係から分析してみる

財務分析

・増加運転資金発生の要因
・新しい資金需要の総額はいくらか
・うち自己資本と融資額はいくらか
・返済能力に見合った調達額か

取引関係

・融資シェアに見合った希望融資額か
・主力行による付け替え工作はないか
・新規先であれば、なぜ当行に融資を申し込んできたのか（場所が近いのか、それとも誰かの紹介か、など）

30

与信判断のポイント②

◉担保をどう判断するか

取引先の希望融資額が既存担保の範囲ではカバーできないとなれば、新たに担保を頂く必要があるかどうかを検討しなければなりません。

銀行では、各場所ごとに場所長の専決による信用枠（担保がなくても〝信用〟で融資ができる金額の上限）が決定されていると思いますが、だからといってその範囲一杯まで信用枠を利用できるわけではないのです。

銀行の融資審査については世間でいろいろなことが言われていますが、中小企業融資に担保を頂くのは原則的な与信行動と言っていいでしょう。なぜなら、大企業と違い、営業基盤の脆弱な中小企業の場合は、業績の変動が激しく信用リスクが大きいと言えるからです。

ただ、担保を頂こうにも担保がない、担保となりうる物件はあってもすでに他の借入の担保に入っていて、しかも評価割れしている、ということは融資の現場では当たり前のように起きており、担保付きで融資をするという前提はいまや崩れかかっているのも事実です。

こうした中で、取引先の与信と引当の状況を正確に把握することが融資担当者には求められています。取引先に対する融資のどれくらいが担保でカバーされていて、またどれくらいが信用貸出になっているか。それを踏まえ、この貸出額が妥当かどうかを検討します。

融資総額と担保額をチェックする

	融資額			担保額	
融資内容	実残ベース	極度ベース	担保内容	掛け後ベース	時価ベース
手形貸付	100	50	信用保証協	100	100
証書貸付	50	150	有価証券	70	100
手形割引	25	70	不動産	35	50
当座貸越	65	150			
計	240	420	計	205	250
			裸与信		
			実残ベース	△35	10
			極度ベース	△215	△170

△＝担保不足　　　　　　　　　　　　　　　　　　　　　　（百万円）

注：有価証券、不動産とも70％の掛け目で計算しているが、実際には有価証券の銘柄や不動産の内容等によって銀行ごとにルールがある

31 与信判断のポイント③

◉債務償還能力を検討する

与信判断では、最近とくに取引先の債務償還能力に重点が置かれるようになっています。

債務償還能力というのは、借入を返済できる力がどれくらいあるのかというものですが、基礎となっているのは返済余力。つまり返済に充当可能な利益額です。

日本の中小企業の多くは過小資本であり、そのために総資産に占める負債の比率が高くなっています。「折り返し資金」や「返済資金」「借り替え資金」といった言葉を聞いたことがあるかと思いますが、この資金需要は、いったん融資した長期資金などの残高が返済の進捗に伴い徐々に減少してきたとき、その減少分をもう一度復元するという融資です。企業にとって、せっかく返済した借金をなぜ再び借入れる必要があるかというと、その返済額が返済余力を上回っており、会社の運転に必要な資金を先食いしてしまっているからです。

新たに融資を行う場合、取引先企業の債務償還能力がどれくらいあるのかということを検討し、融資を実行した場合の返済負担にその企業が耐えられるかどうかという点がポイントになります。

返済能力の把握

債務償還能力を検討するときには
年間返済額と返済能力とを比較する

〔運転資金の返済能力を把握するための一例〕

運転資金返済能力
＝営業利益＋減価償却費

〔設備資金の返済能力を把握するための一例〕

設備資金返済能力
＝(税引前当期利益＋減価償却費)－(役員賞与＋配当金＋法人税等)

32 稟議しやすい案件、難しい案件

◉前向きか後ろ向きか

「前向き」資金、「後ろ向き」資金という言葉をご存知でしょうか。

会社の業績が向上し、売上増加による増加運転資金や、工場や倉庫の増設を目的とする設備資金といった資金などを前向き資金と呼んでいます。

これに対し、業績が悪化してきた場合に発生する在庫資金（滞《たい》貨《か》資金ということもあります）や減産資金、赤字資金などは後ろ向き資金です。

融資として採り上げる場合、前向き資金のほうが取り組みやすく稟議も通る可能性が高いことは言うまでもありません。

これに対し、後ろ向きの資金は当然のことですが審査は厳しく、難しいものになります。とくに赤字を抱えている企業に対する融資などでは、頂く担保もないという悪条件が重なることも少なくありません。

このような後ろ向き案件では、取引先の業績予想をどう見極めるかが最大の焦点になってきます。審査に要する時間も通常より長くなりますから、案件を受付けたらすぐに対応しましょう。

前向き資金と後ろ向き資金

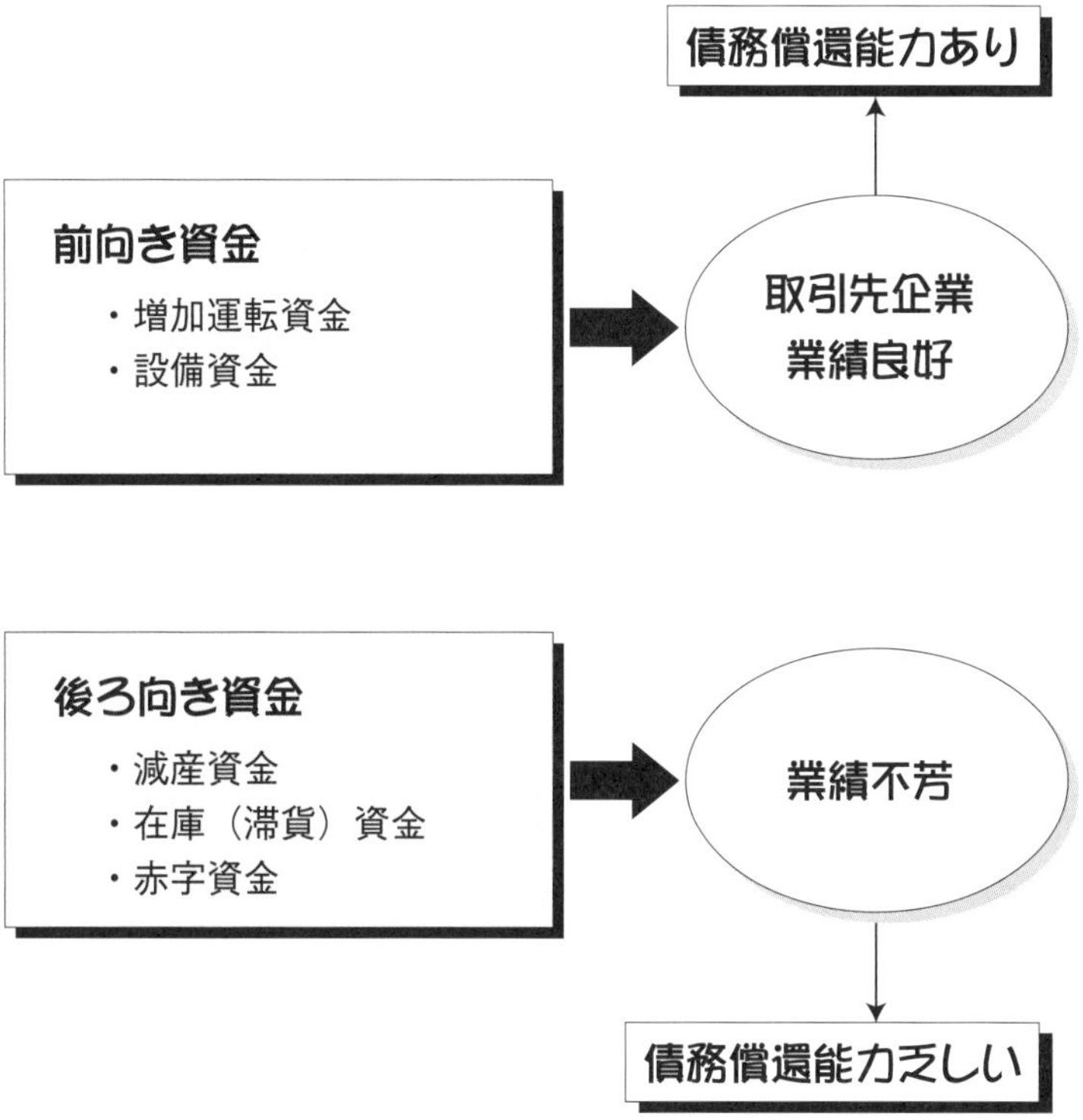

33

増加運転資金に対応する融資形態

◉運転資金の発生要因で判断

取引先への売上増加、支払い・回収条件の変更などの要因により増加運転資金は発生します。

増加運転資金は、銀行融資における最もポピュラーな資金のひとつです。

増加運転資金を採り上げる際の貸付形態ですが、最も多いのは1年を超える中・長期資金として証書貸付で採り上げるケースでしょう。ただし運転資金が発生した要因が売上の増加にあり、さらに代金回収が手形で行われている場合ならば、相手企業の信用度合いにもよりますが手形割引の増額によっても資金需要に対応できることになります。取引先の担保が不足しているような場合は、証書貸付を〝信用〟で出すよりもこうした割引で応じたほうが与信引当の上では有利です。

増加運転資金といえば、かつては前向き資金の代名詞的な存在でしたが、最近では中小企業の間で現金決済を手形決済に変更するなど、景気低迷や業績悪化に伴う支払条件の変更が目に付くようになり、内容によっては必ずしも企業にとって前向きの資金とは言えないものもありますから注意して下さい。取引先の業績に懸念が生ずる可能性がある場合は、中・長期資金とするのではなく手形貸付を利用して短期資金として回収を早めるなどの方法も検討してみましょう。

増加運転資金の融資形態

資金需要	融資形態
売上高が増加し、受取手形（ときに一括債権）そのものが増えている場合	手形割引・一括支払システムの極度増額
長期資金として支援する場合	証書貸付
短期資金として支援する場合	手形貸付・当座貸越

34 季節資金・決算賞与資金の与信判断

◉前回実績と比較検討する

季節資金と決算（納税）賞与資金は、半年に一度ずつ取引先から支援の申し入れがある、いわば〝恒例〟の資金と考えても良いでしょう。

このような資金は、採り上げの方法がほぼ固定化しています。返済期間は一般的に6カ月で元金均等返済。形態は、手形貸付あるいは証書貸付になります。6カ月経過すると残高がゼロになりますが、そのときにはもう次の季節資金や決算資金の時期になってもう一度同額程度の貸出を行うという、一種の回転資金です。

季節資金や決算賞与資金の与信判断ポイントは、前回実績と比べて今回の申し出の増減額がどうか、という点です。恒例の資金ということもありますが、従来より貸出額が大きく増加していたり減少していたりしたときには、その内容をきちんと確認し、他の資金使途が混じっていないかチェックします。

決算（納税）資金の場合は、どのような税をいくら納める予定なのか、内容を精査の上、裏付けを得るようにします。

また、これらの資金では毎年各行の支援分担が定着化していることが多く、シェアが守られているか、返済条件は同じかということにも注目して下さい。

季節資金・決算賞与資金の融資例

季節資金

・毎年恒例になっている仕入れ資金
・たとえば冬物服の仕入れや、海産物の季節による仕入れなど

賞与資金

・ボーナス資金のこと
・業績によって左右される

決算資金

・法人税などを支払うための資金
・利益の半分ぐらいが目安

原則的な融資例

期間６カ月の約定返済付き手形貸付等として、年２回支援する

35 設備資金の与信判断

◉保全面の見極めがとくに重要

設備資金の申し出に接したときには、まず「設備計画書」等を提出してもらい、概要を的確につかむところから始めます。何を設備投資するのか、総額でいくらかかるのか、資金調達する額はいくらか、取引各行が支援する分担はいくらかということを把握します。

残念ながら、取引先の中には、採算やその後の受注見通しが甘く安易な設備投資を計画し、その後過剰債務に苦しむというケースが少なくありません。そのような設備資金を支援してしまうと、その後業績が悪化し返済を受けられなくなるなど不良債権化する可能性が大きくなってしまいます。そこで銀行では、設備計画そのものの妥当性からまず判断することになります。

また、設備資金の場合は概ね長期資金での貸付となりますから、担保など保全面の見極めも重要になります。通常、設備資金の担保は購入する設備そのものですが、それがどの程度の評価額になるのか、それで貸出額全体がカバーできるのか、不足する場合、代替の担保はあるのかと検討していきます。

設備資金の場合は金額も大きく、貸出期間も長期になるため、より慎重な与信判断が要求されていると言えるでしょう。

設備資金の取上げとそのプロセス

計画段階	できるだけ素早い情報収集と取引先ニーズの把握 設備計画の妥当性を検討・アドバイス
検討段階	不動産・建設業者の紹介
調達段階	取引先ニーズに即した提案と他行情報の収集 融資条件の詰め・購入不動産の担保評価の算出 支店長などによるトップセールス
設備投資段階	事前に融資・担保関係書類を準備し、支払い用の預金・小切手などを手配
投資後	土地整備状況・工場建設の進捗状況などのスケジュール管理 融資の分割実行の場合、都度期日管理を徹底

36

取引方針に沿った対応をしよう

◉信用格付けをベースに検討

銀行の融資先にはさまざまな業態、業歴、そして業績が含まれています。しかし、こうした企業に対して一律同じようなアプローチを行っているかというと決してそういうわけではありません。

いまほとんどの銀行で、取引先に対する「信用格付け」を実施しています。この格付け結果などをもとに、採算や取引ぶりなどを勘案して、銀行の取引方針というものが定められます。積極的な工作を展開するのか、現状を維持するのか、それとも消極的な姿勢を示すのか、あるいは回収方針を貫くのか。表現は違うかも知れませんが、対取引先の対応が1社ずつ検討され、決定されています。

取引方針は、融資担当者の行動指針であり、営業活動の原点です。

融資の担当者として自分の取引先が決まったら、まず取引先ごとの方針をきちんと把握し、メリハリの効いた対応をするよう心がけて下さい。取引方針は、往々にして銀行のリスク管理と直結しています。業績の悪化している先に長期資金を売り込むといった、取引方針にそぐわぬ対応が結果的に貸倒れを作る原因になります。

信用格付けによる方針決定

信用格付け

・原則全取引先を対象とした信用リスク管理の手法
・一般的に定量要因と定性要因から分析
・優良先から不良債権先までを10段階程度に分類
・格付けに応じた取引方針が決められる
・決算ごと、あるいは業況変化時に見直す

↓

優良格付け＝積極方針

中位格付け＝事情に応じて支援

低格付け＝現状維持・回収方針

37 与信判断資料の収集

◉一度で済むように事前手配を

取引先から融資の申込みを受けた場合は、クイックレスポンスで対応しましょう。

早く案件をまとめ、稟議書の形にして決裁を受けるためには、素早い事務を心がけるという基本的なこと以外に、やはり与信判断の基礎資料となる情報収集をいかに早く行うかがポイントになります。

次頁には、各種の資金需要に合わせて融資担当者として与信判断に必要と思われる資料を一覧表にしておきました。

ただ、これが全てというわけではありません。

銀行融資の審査では、個別企業の内情や環境、取引状況などさまざまな事柄が影響し、「これだけの資料を申し受ければ完璧」というものはないからです。しかし、次頁の資料を頂けば、通常の融資審査ではとくに問題がないと思われます。

書類の提出依頼は、顧客の事務負担を考えて、できるだけ一度で済むようにきちんと手配して下さい。そのためには何が必要かまとめておくことです。担当者の知識不足や不手際でお客様に何度も足を運ばせるようなことにならないよう、注意しましょう。

与信判断上の各種資料

	増加運転資金	減産・赤字資金	賞与・決算資金	つなぎ資金	設備資金
決算書・試算表	○	○	○	○	○
売上実績・予定表	○	○	○	○	○
売上予想・業績見通し	○	○	○	○	○
会社・個人資産一覧表	△	○	△	△	○
資金繰り実績及び予定表	○	○	△	○	△
銀行別借入残高推移一覧表	○	○	○	○	○
設備計画概要表					○
不動産売買契約書					○
建築工事請負契約書					○
設備導入による売上寄与予想					○
数年間の収支計画					○
工事請負契約書				○	
見積書	△		△		○
従業員への賞与支払い計画表			○		
納税内訳表			○		
リストラ計画・実績表		○			

○＝必要
△＝貸出案件によっては必要

38 リレーションシップ・バンキングを目指せ

◉「目利き」の融資マンになろう

みなさんの融資先は、必ずしも順調な会社ばかりではありません。しかし、足元の業績が悪いからといって融資に慎重になってばかりでは融資残高は伸び悩んでしまいます。

これからの銀行、とりわけ地域密着型の金融機関に期待されているのは、取引先の潜在能力を見抜く能力です。「いまは業績が悪いがこの会社の技術力なら将来必ず伸びる」「担保力はないが商品の競争力を考えれば融資しても問題ない」といった、その企業に精通しているからこそできる与信判断が求められているのです。

このように相手企業の潜在性を把握し、的確な融資や提案をしていくことを「リレーションシップ・バンキング」と呼んでいます。

融資現場においてリレーションシップ・バンキングを推進するためには、まずみなさん自身が「目利き」になる必要があります。相手企業の将来性などは、決算書のどこを見ても書いてありません。会社を訪問し、仕事の内容を自分の目で確かめ、社長さんといろいろな話をする中で、「この会社なら伸びる」「伸ばしたい」とみなさん自身が判断し、実践すべきものです。

優良企業になってから取引を申し込むのなら誰だってできます。そうなる前に将来性を先取りして融資する、みなさんもそんな「目利き」の融資マンを目指して下さい。

リレーションシップ・バンキングとは何か

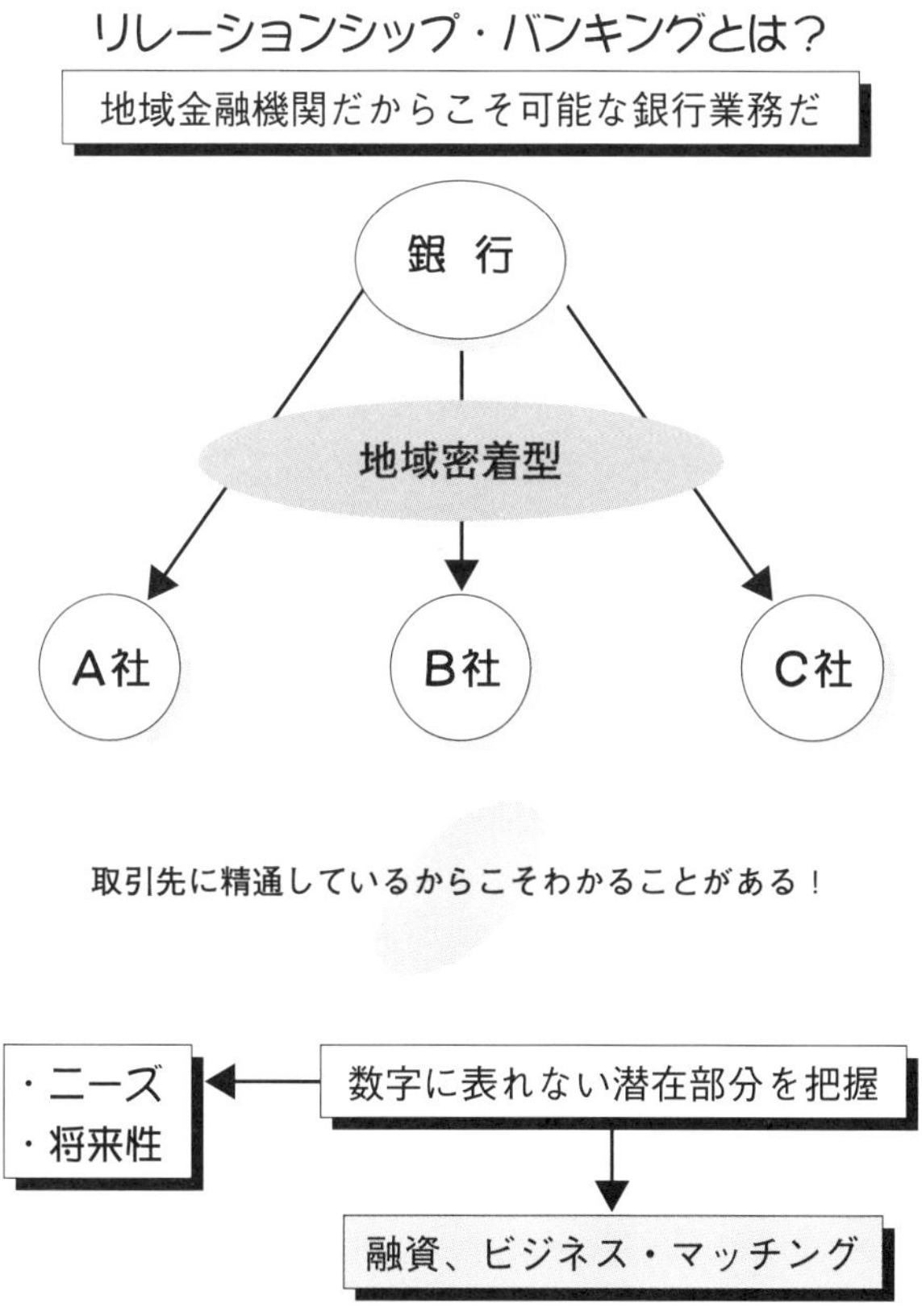
リレーションシップ・バンキングとは？
地域金融機関だからこそ可能な銀行業務だ
銀行
地域密着型
A社
B社
C社
取引先に精通しているからこそわかることがある！
・ニーズ
・将来性
数字に表れない潜在部分を把握
融資、ビジネス・マッチング

◎第 2 章◎

財務分析の基礎知識

1

財務諸表の基礎知識

◉基本は貸借対照表と損益計算書

企業分析を行うために、財務諸表の基礎知識は必要不可欠なものです。

企業が決算時に作成する財務諸表には、当該年度における企業の損益、期末時点での企業の資産内容などがまとめられています。前者を説明する書類を「損益計算書（通称P／L=Profit And Loss）」、後者を「貸借対照表（通称B／S=Balance Sheet）」と呼びます。

これらの財務諸表を作成する基準には、商法に基づく営業報告書ベースと企業会計原則などに基づく有価証券報告書ベースとの2つがあります。

どちらの作成基準を選ぶかは企業によって異なります。非上場の株式会社や有限会社は営業報告書ベースで財務諸表を作成します。一方の企業会計原則ベースで財務諸表を作成するのは上場企業など証券取引法で定められた会社です。

みなさんが支店勤務であれば、実際に手にする財務諸表のほとんどは営業報告書ベースで作成されているのではないでしょうか。

財務諸表は、決算月から2カ月後に控えた法人税等の納入期限に間に合うよう作成されます。3月決算の会社でしたら、5月末。それをきちんと管理して取引先にお願いして申し受けるようにします。

貸借対照表と損益計算書

貸借対照表(B/S)

資産の部	負債の部
流動資産	流動負債
現金・預金	支払手形
受取手形	買掛金
売掛金	短期借入金
有価証券	その他
棚卸資産	
立替金	固定負債
その他	長期借入金
貸倒引当金	退職給与引当金
固定資産	
有形固定資産	
建物・構築物	負債合計
機械装置	
土地	純資産の部
その他	資本金
無形固定資産	資本剰余金
投資等	利益剰余金
投資有価証券	(繰越利益剰余金)
子会社株式	
投資不動産	
その他	純資産合計
資産合計	負債・純資産合計

期末時点の企業の資産内容

損益計算書(P/L)

科目
売上高
営業費用
営業利益
営業外利益
営業外費用
経常利益
特別利益
特別損失
税引前当期利益
法人税及び住民税
当期利益

1年間の企業の損益

2

貸借対照表の構成①

◉借方は資産、貸方は負債及び純資産を表す

貸借対照表とは、期末（貸借対照表日と言います）時点での企業の財務内容の断面図です。

企業はさまざまな方法で資金を調達しています。最初、会社を立ち上げるときには発起人が持ち寄った資本金という形で資金を集めますし、その後は銀行などから借入を行っては資金を集めています。借入による資金は、自己資本に対して他人資本と呼ばれますが、企業はこれらの自己資本・他人資本により調達した資金をさまざまなものに運用して利潤を上げようとしているのです。

財務諸表は、向かって右側を貸方《かしかた》、左側を借方《かりかた》といい、貸方で「負債及び純資産」（つまり資金の調達）、借方で「資産」（つまり運用）の残高を表現しています。

貸方・借方とも、勘定科目と呼ばれる項目が流動性が高い順番に並んでおり、それぞれの合計額は必ず一致します。

貸借対照表の構成

固定負債とは？

　支払期日が１年より先になる負債のことです。銀行からの長期借入金のほか、社債や退職給与引当金などがある

流動負債とは？

　１年以内に支払わなければならない負債のことを言う。仕入れで発生する買掛金や支払手形、短期の借入金などがこれに当たる

流動資産とは？

　預金をはじめ売掛金や受取手形など、１年以内に現金化できる資産で、当座資産と棚卸資産、その他の流動資産からなる

引当金とは？

　将来発生することが予想されるであろう費用や損失などの支出に備えて、その金額を前もって見積もり計上したものである

固定資産とは？

　１年以内に現金化することがなく、長期間企業が所有している資産。有形固定資産、無形固定資産、投資等からなる

近代商事貸借対照表

（単位：百万円）

資産の部（借方）		負債の部（貸方）	
流動資産	4,625	流動負債	2,505
現金預金	1,647	支払手形	986
受取手形	604	買掛金	351
売掛金	1,162	短期借入金	856
有価証券	146	その他	311
棚卸資産	893		
立替金	77	固定負債	2,136
その他	114	長期借入金	1,644
貸倒引当金	△20	退職給与引当金	492
固定資産	1,441		
有形固定資産	(1,043)	負債合計	4,642
建物・構築物	241		
機械装置	374	純資産の部	
土地	361		
その他	66	資本金	844
無形固定資産	(4)	資本剰余金	124
投資等	(394)	利益剰余金	456
投資有価証券	76	（繰越利益剰余金）	(52)
子会社株式	115		
投資不動産	57		
その他	144	純資産合計	1,425
資産合計	6,067	負債・純資産合計	6,067

資本金とは？

　株主が経営の元手として払い込んだ資金。かつて有限会社は300万円以上、株式会社では1000万円以上の資本金が必要だったが、新会社法の施行に伴いこの制限は撤廃されている

資本剰余金とは？

　資本準備金とその他資本剰余金からなる。資本準備金は、利益処分の際に積み立てられるもの。かつての利益準備金は、新会社法の施行に伴いその他資本剰余金に変更されている

利益剰余金とは？

　毎年の利益が蓄積されたもので、利益準備金とその他利益剰余金からなる。この利益剰余金の厚みを見れば、会社の利益経過がどのくらいのものだったかわかる

3 貸借対照表の構成②

◉「資産の部」の見方

貸借対照表の借方、つまり「資産」の内容をみてみましょう。

資産は次頁の図のように、流動資産、固定資産、繰延資産の3つに分けられています。

「流動」や「固定」というのは、資産が1年より早く現金化するものか、1年を超えて所有し続けるものかで分かれています。これを1年基準（ワン・イヤー・ルール）と呼びます。

この他に、仕入れから販売、代金回収のような営業循環に該当する項目を流動資産に分類し、それ以外を固定資産とする基準もあります。

流動資産には、現金・預金、受取手形、売掛金など、短期間に資金化が可能で仕入れ代金などの決済原資となりうる貨幣性資産が計上されています。

固定資産に計上されているのは、会社の土地や建物といった、長期にわたって保有される資産です。不動産などの資産のほか、長期間保有する株などの有価証券、また無形の固定資産として電話加入権などが含まれています。

繰延資産というのは、新しい研究開発に投じた資金など、投資の効果が数期に及ぶものを、一括計上するのではなく繰り延べて計上したものです。

資産の部の見方

資産と負債・資本との構成はどうか

資産の部	負債の部
流動資産	流動負債
現金・預金	支払手形
受取手形	買掛金
売掛金	短期借入金
有価証券	その他
棚卸資産	
立替金	固定負債
その他	長期借入金
貸倒引当金	退職給与引当金
固定資産	
有形固定資産	負債合計
建物・構築物	純資産の部
機械装置	資本金
土地	資本剰余金
その他	利益剰余金
無形固定資産	(繰越利益剰余金)
投資等	
投資有価証券	
子会社株式	
投資不動産	
その他	
繰延資産	純資産合計
資産合計	負債・純資産合計

資産の内容はどうか

土地の評価は実勢価格に直すとどうか

子会社の株式は原価か

この合計は同じになる

4 貸借対照表の構成③

◉「負債及び純資産の部」の見方

貸借対照表の向かって右側、貸方を構成するものは、「負債の部」と「純資産の部」の2つのセクションです。

負債の部は、銀行からの借入だけではなく、営業上の負債である買掛金や支払手形なども含まれています。この負債も、資産の部と同様に1年基準で流動負債と固定負債とに分かれ、たとえば1年以内に返済期日の到来する短期の借入や社債などは流動負債に、1年を超えて期日が到来する社債や銀行借入などは固定負債になります。

次に純資産の部ですが、ここは資本金、資本剰余金（資本準備金、その他資本剰余金）、利益剰余金（各種積立金、その他利益剰余金）の3つに分けられます。会社業績の善し悪しを図るのに利益剰余金に着目するのは、それで企業の利益の蓄積度合を把握することができるからです。

純資産の部のことを株主資本、自己資本という呼び方をするのに対し、流動・固定負債を他人資本という呼び方をすることもあります。また、負債の部と純資産の部を総称し、総資本と言います。

負債・資本の部の見方

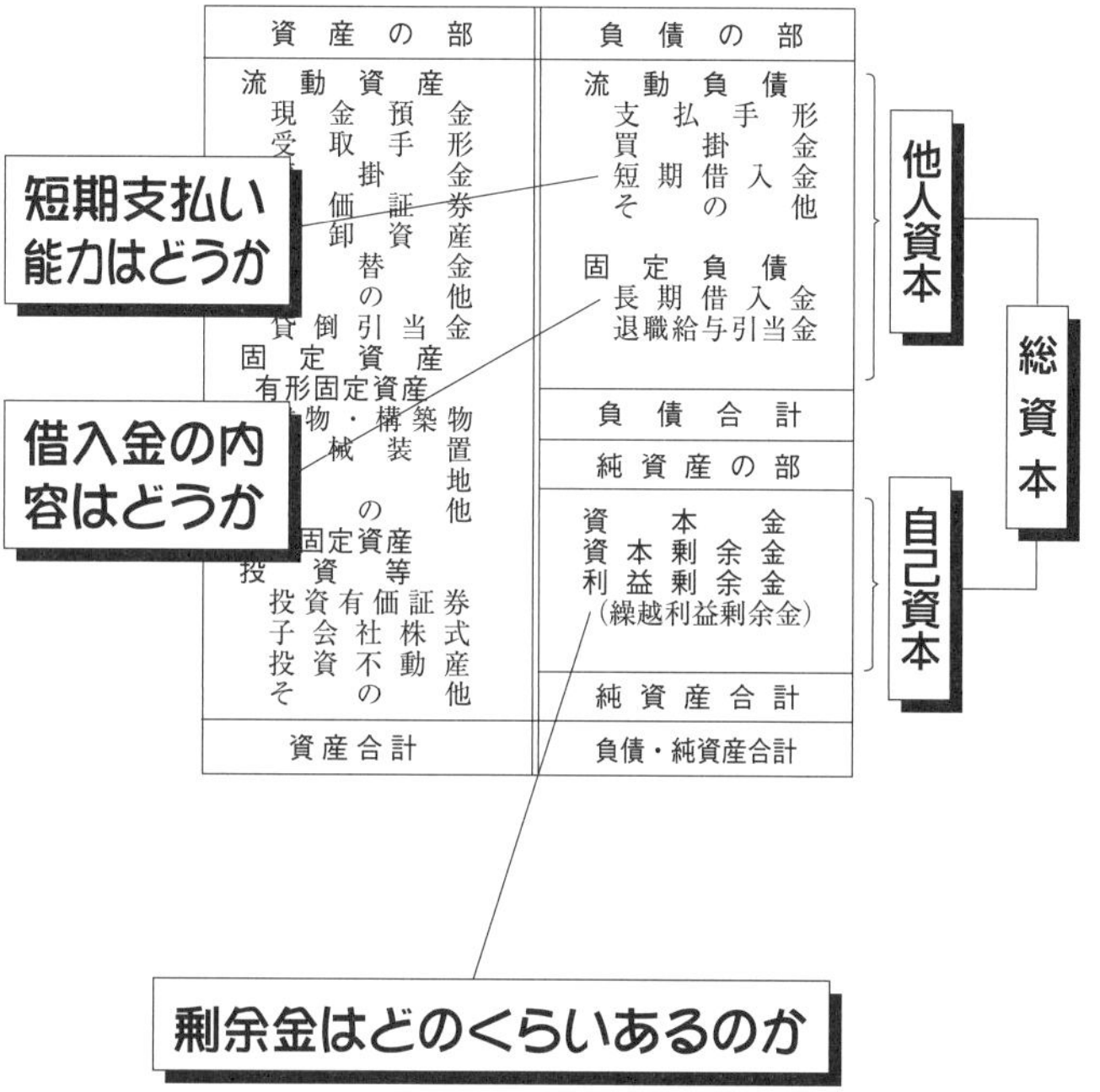

資産の部
流動資産
現金預金
受取手形
掛金
価証券
卸資産
替金
の他
貸倒引当金
固定資産
有形固定資産
物・構築物
械装置
地
の他
固定資産
投資等
投資有価証券
子会社株式
投資不動産
その他
資産合計
負債の部
流動負債
支払手形
買掛金
短期借入金
その他
固定負債
長期借入金
退職給与引当金
負債合計
純資産の部
資本金
資本剰余金
利益剰余金
（繰越利益剰余金）
純資産合計
負債・純資産合計
他人資本
自己資本
総資本
短期支払い能力はどうか
借入金の内容はどうか
剰余金はどのくらいあるのか

5 損益計算書の構成

◉損益を4段階で表示

企業がその決算期中にいくらを売上げ、仕入れをしたりコストを支払ったりして、最終的に利益がどのくらい残ったのか、それをどのように処分したかを表す財務諸表が損益計算書（通称P／L）と呼ばれているものです。

左図はある会社の損益計算書です。損益計算書は、①企業の商品である製品やサービスの販売合計とそれを製造するための経費という基本的な収支、②製品やサービスを販売するための広告宣伝費や人件費など管理コストを差し引いたもの、③資金調達による利息支払いや受取利息など営業以外のコストを差し引いたもの、④当期中に得た特別な利益・損失を差し引いたもの、に分けられます。

それぞれに①売上総利益、②営業利益（損失）、③経常利益（損失）、④当期利益（損失）という形で各活動の結果を表示しています。

企業の損得が前記のように分類され、段階的に表示されることによって、分析者はその企業の収益構造や問題点を的確に把握することが可能になります。

損益計算書の構成

売上高とは？

業務上の目的で提供された、商品（役務）の販売によってもたらされる収益のこと。「営業収益」ということもある

営業利益とは？

売上高から売上原価（仕入原価や製造原価など）や販売費および一般管理費などの営業費用を差し引いた後に残った利益のこと。営業活動のみで得た利益額である

近代商事損益計算書

（単位：百万円）

科目	金額
売上高	6,020
営業費用	6,008
営業利益	12
営業外収益	326
営業外費用	253
経常利益	85
特別利益	70
特別損失	25
税引前当期利益	130
法人税及び住民税	78
当期利益	52

経常利益とは？

本来の営業とは関係ない預金金利の受取りや借入利息の支払いといった営業外の損益を営業利益に加減したものである

特別利益・特別損失とは？

土地や有価証券の売却益や売却損、あるいは前期決算の修正損益など、「特別」に起きた事柄によって得た利益や損失のこと

税引前当期利益とは？

経常利益に対し、特別利益・特別損失を加減したもの。ここから法人税、住民税などを支払った後に残ったものが企業の最終利益となる

6

損益計算書の勘定科目

◉勘定科目の内容と加減

損益計算書に登場する主要な勘定科目の名前と内容について説明しましょう。

①**売上高**……業務上の目的で提供された、商品の販売によってもたらされる収益のことで「営業収益」ということもあります。

②**営業利益**……売上高から売上原価（仕入原価や製造原価など）や販売費及び一般管理費などの営業費用を差し引いた後に残った利益のこと。営業活動のみで得た利益額のことです。

③**経常利益**……本来の営業とは関係ない預金金利の受取りや借入利息の支払いといった営業外の損益を営業利益に加減したものです。

④**特別利益・特別損失**……土地や有価証券の売却益や売却損、あるいは前期決算の修正損益など、「特別」に起きた事柄によって得た利益や損失が計上されています。

⑤**税引前当期利益**……経常利益に対し、特別利益・特別損失を加減したもの。ここから法人税、住民税などを支払った後に残ったものが企業の最終利益になります。

勘定科目の内容

（単位：千円）

売上高	100,000	
売上原価	50,000	
売上総利益	50,000	（＝100,000－50,000）
販売費及び一般管理費	20,000	
営業利益	30,000	（＝50,000－20,000）
営業外利益	15,000	
営業外費用	8,000	
経常利益	37,000	（＝30,000＋15,000－8,000）
特別利益	3,000	
特別損失	5,000	
税引前当期利益	35,000	（＝37,000＋3,000－5,000）
法人税及び住民税	18,000	
税引後当期利益	17,000	（＝35,000－18,000）

7 損益計算書のチェックポイント①

◉営業利益・経常利益のチェック

①売上高は順調に推移しているか

企業の業績を測る最も簡単な勘定科目は、やはり売上高です。売上高が増加することを「増収」、逆に減少することを「減収」と呼んでいます。

昨今は景気が後退しており、売上高が大幅に減少している企業も多くなっていますが、決算書を申し受けたとき、前年度と比べ大きな変動が認められる場合には、必ず要因をヒアリングするようにします。

②経常利益はいくらか

企業の決算で、経常利益は最も重要な勘定科目のひとつということが言えます。経常利益（略して、ケイツネと呼んでいます）というのは、売上原価や販管費、金融費用などを差し引いた後に残った利益額のことで、企業の業績を端的に表していると言えます。

③費用と収益の構造をチェックする

経常利益が前年比大幅に増加、あるいは減少していた場合、すぐに要因をつかむようにします。その際には、「売上原価」「販売費及び一般管理費」の各勘定科目、及びその明細などを見ると要因がわかります。

営業利益と経常利益のチェック

売上高は順調に推移しているか

経常利益はいくらか

費用と収益の構造はどうか

（単位：百万円）

科目	金額
売上高	**32,159**
売上原価	22,501
売上総利益	**9,658**
販売費及び一般管理費	6,539
営業利益	**3,118**
営業外利益	6,004
営業外費用	3,492
経常利益	**5,630**
特別利益	67
特別損失	251
税引前当期利益	**5,446**
人税及び住民税	2,632
当期利益	**2,814**

8 損益計算書のチェックポイント②

◉その他の項目のチェック

④特別損失に大きな金額が計上されていないか

毎期発生するものではありませんが、今期に限って発生した利益や損失というものがあります。たとえば前期損益の修正や、長年利用してきた工場の機械除去損などがこれにあたり、損益計算書ではこれは特別利益、特別損失として計上しています。

経常利益の額と税引き前当期利益の額とを比較してみて、そこに大きな金額の開きがある場合、特別損益を確認しましょう。

たとえば、本来は赤字なのですが、終損益は黒字にしたい場合など、土地を売却して特別利益に売却益を計上、黒字化工作をしたというような事実が浮かび上がってくるはずです。

⑤利益処分状況はどうか

損益計算書とは別途作られる株主資本等変動計算書により、最終的に残った利益をどのように処分しているか確認します。役員賞与や配当金などの社外流出がどのくらいの額なのか、つまり大きすぎないかということは必ずチェックします。配当金などは前期と比較して、金額的な妥当性を検討するのもポイントの一つです。

その他の項目チェック

特別損失に大きな額が計上されていないか

（単位：百万円）

科　　目	金　額
売上高	**32,159**
売上原価	22,501
売上総利益	**9,658**
販管費及び一般管理費	6,539
営業利益	**3,118**
営業外利益	6,004
営業外費用	3,492
経常利益	**5,630**
特別利益	67
特別損失	251
税引前当期利益	**5,446**
法人税及び住民税	2,632
当期利益	**2,814**

利益処分状況はどうか

株主資本等変動計算書

9 決算書のチェック

◉入手時の対応

取引先から決算書を入手した場合には、必ずその場で開いて内容をチェックするようにします。受け取った決算書を中身も見ずに業務鞄に入れてしまうようでは相手に対して失礼ですし、銀行員としての資質も疑われます。

決算書を開き、前年度のものと比較しながら、とくに変わった数字があればその理由をヒアリングしましょう。

また、「会社には銀行用、税務署用、取引先用の3つの決算書がある」と言われるほど、中小企業の決算に多いのが粉飾《ふんしょく》。それを防止し、真正な決算を申し受けるコツの一つとして、税務書の受付印のある申告書写し（「別表」）も同時に依頼するといいでしょう。

決算書をチェックするときは、財務内容の変化を把握し、全体的なイメージをつかむだけではなく、資金ニーズの有無を探る視点も大切です。

次に具体的な見方について説明しましょう。

決算書入手時の対応

決算書入手時の対応
何月に、どの取引先の決算書ができるのかチェックし、予め申し入れておく
決算書本体だけでなく、税務署へ申告した「別表」付き（受付印のあるもの）の写しまで入手する（消費税の申告書も入手するとなお良い）
勘定の内訳がわかる付属明細を必ず入手する
新規融資先など、過去の決算書のストックがない場合は、比較を可能にするために過去 3 期分を入手する
決算書を受け取ったときに面前で 2 期分を比較し、数字の大きな変動についてはその場で質問し、要因を余白などにメモしておく
今期の見通しと資金需要を合わせてヒアリングしておく

10

「別表」の読み方

◉決算書の補足書類として活用する

お客様から決算書を頂くときには、確定申告書の写しも一緒に申し受けるようにしましょう。これを「別表」と言います。

別表は、税務申告用の書類ですが、決算書からは読みとれない情報が記載されています。

決算書だけではなく、わざわざこうした申告書類まで頂く理由のひとつは、決算書の内容を補足し、本当に正しいかどうか、確認するためです。

「会社には取引先用、税務署用、銀行用」の３つの決算書があるなどと言われますが、頂いた決算書の内容と「別表」を突き合わせることで、ある程度、粉飾を看破することができると考えられます。

しかし、これは別表から読みとれるほんの一部分に過ぎません。

たとえば、会社によっては何とか利益を捻出するために減価償却を少なくしていることがあります。しかし、わざわざ取引先はそのことについて説明しません。「償却不足があるのではないか」と疑わしいとき、「別表十六（一）」を見ればそれを確認することができます。

その会社の株主構成、社長の交際費がどれだけ経費として認められたか、税務上の欠損金はあるか、税金の未納があるか等、興味深いさまざまな情報が「別表」に記載されています。

決算書を補足するものとして、この「別表」だけではなく、消費税の確定申告書まで申し受けるといいでしょう。

「別表」を読むポイント

別表の種類	ポイント	考え方・対応
別表一（一）	税務署の収受印はあるか	必ず、収受印のあるものを申し受ける
別表二	株主の構成がわかる	同族かどうか。新たな株主が入っていないか
別表四	「当期利益又は当期欠損の額１」と決算書に記載された税引き後当期損益の額との一致を確認する	一致していなかったら理由を確認。「粉飾」の場合は、ここでチェックできる。ちなみに、「所得金額又は欠損金額39①」は、別表一（一）の「所得金額又は欠損金額１」と一致する
別表五（二）	法人税・都道府県民税・市町村民税・事業税等の未納はないか	期末現在の未納税額は、その後納税証明などで完納を確認できる。しかし、消費税についてはここではわからないため、消費税の確定申告書で確認する
別表七	欠損金はあるか。その額はいくらか	あくまで税務上の欠損金なので会社業績に直結したものではない。繰越欠損金があればその範囲内で法人税の支払いが控除されるので、利益額がそのまま返済余力になる
別表一五	交際費のうち、いくらを損金に算入したか	会社の業績と比較すれば、経営者の金銭感覚がここに表れる
別表十六（一）	「当期発生普通償却限度額」と「当期償却額」の差額から、償却不足を把握	「償却不足額29」に記載されていないケースもあるので、きちんとチェックすること。全額償却した場合の損益状況の他、前期から繰り越した償却不足があれば、ここで把握することができる

11 貸借対照表のチェックポイント①

◉資産と負債・純資産とのバランスをみる

①資産と負債・純資産とのバランスをみる

財務内容のいい会社は、概して流動資産が厚く短期支払い能力が優れており、一方で負債が少なく、純資産などが厚いといった特徴があります。

貸借対照表を見ると、両側に勘定科目と数字が並んでいますが、数字の並びを見ると、それが「いい会社」の条件を満たしているか大まかに知ることができます。

そのためのイメージを描いてみると、とくに分析のための指標を計算しなくても企業の財務内容をつかむことができます。

資産サイドは流動性が高い資産の多いほうが決済能力も優れ、安全性が高く、負債・資本は、逆に資本金や固定負債が多いほうが好ましいと言えます。

数字の中身をみるまでもなく、その「並び」だけでもある程度のバランスを把握することが可能なわけです。とくに、決算書を申し受けたその場で分析指標を計算する時間はないわけですから、こうした「速読術」を身につけているとすばやく決算のイメージを把握することができます。

バランスシート全体を見る

優良なバランスシートは数字の並びでわかる

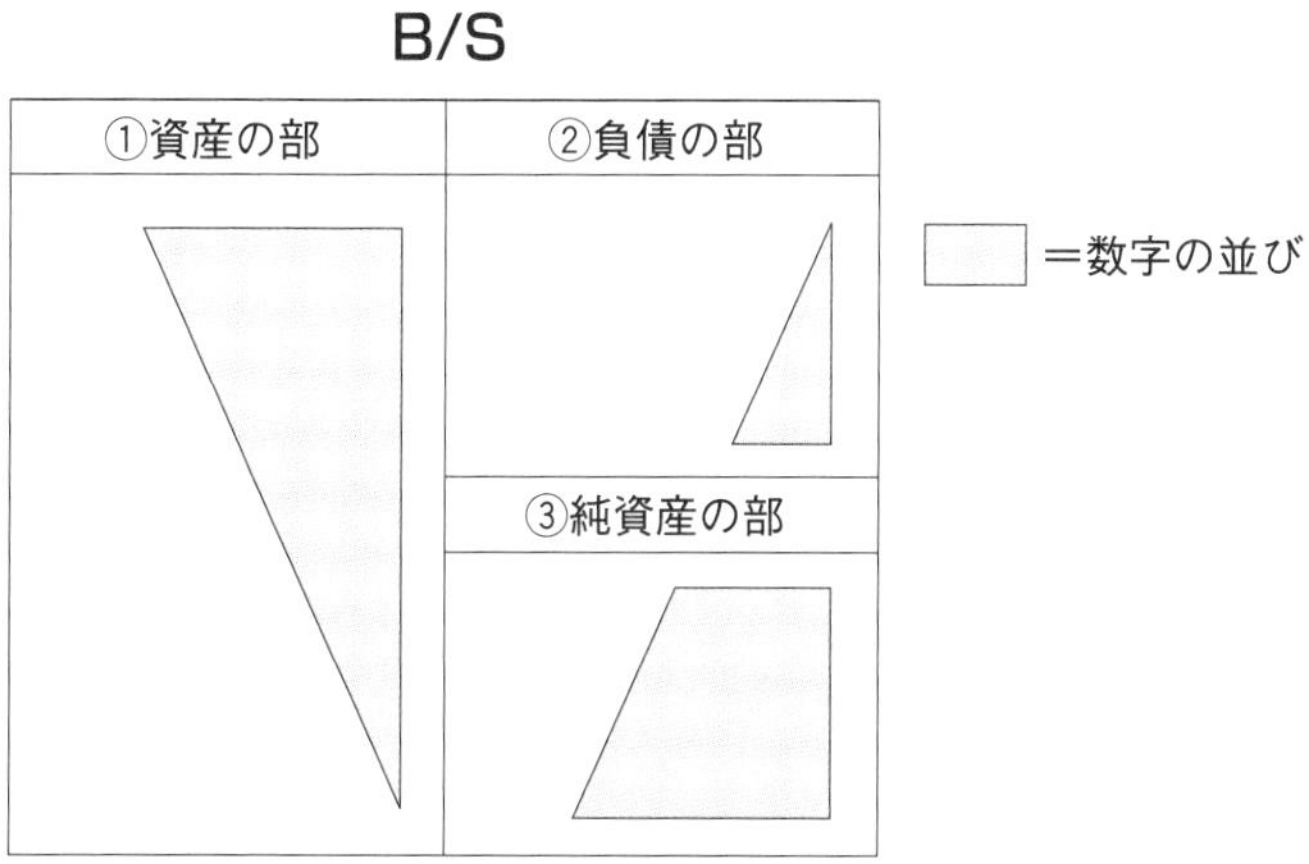

①資産の部は流動資産が最も多く、固定資産・繰延資産とすすむにつれ少なくなるのが好ましい

②負債の部は流動負債より固定負債が多いほうが望ましい

③純資産の部は企業財務の安定性を支える部分。とくに利益剰余金の大きな会社は優れている

12 貸借対照表のチェックポイント②

◉会社のパワーをみる

②短期支払い能力をみる

短期の支払い能力を把握することは、その企業の安全性をみる上で非常に重要なポイントになります。

「流動資産」の額は「流動負債」の額の何倍ありますか。理想値は2倍ですが、そこまでの企業はそうそうあるものではないので、もっと単純に「流動資産」＞「流動負債」となっているか、最低限それだけでも確認しておきましょう（本章16．「財務指標の意味と計算③」を参照）。

③剰余金で会社の質をみる

会社の内容を把握する手段のひとつに利益剰余金があります。

利益剰余金のうちその他利益剰余金には、「積立金」と「繰越利益剰余金」がありますが、これらがどのくらい蓄積されているかで、企業がいままでどのような状況にあったかをみることができます。

たとえ今期儲かっていても、利益剰余金の蓄積の薄い企業であれば、かつてはそれほどでもなかった、あるいは長く赤字が続いた時期があるなどの要因が考えられます。このように、利益剰余金を見れば企業の質がわかります。

資産VS負債、剰余金をみる

資産の部		負債の部	
流動資産	4,625	流動負債	2,505
現金・預金	1,647	支払手形	986
受取手形	604	買掛金	351
売掛金	1,162	短期借入金	856
有価証券	146	その他	311
棚卸資産	893		
立替金	77	固定負債	2,136
その他	114	長期借入金	1,644
貸倒引当金	△20	退職給与引当金	492
固定資産	1,441		
有形固定資産	(1,047)	負債合計	4,642
建物・構築物	241		
機械装置	374	純資産の部	
土地	361		
その他	66	資本金	844
無形固定資産	(4)	資本剰余金	124
投資等	(394)	利益剰余金	456
投資有価証券	76		(986)
子会社株式	115		
投資不動産	57		
その他	144	純資産合計	1,425
資産合計	6,067	負債・純資産合計	6,067

流動資産 ＞ 流動負債（理想値は2倍）

積立金 ＋ 繰越利益剰余金 ― 創業から今期に至るまでの利益の蓄積

13 貸借対照表のチェックポイント③

◉資産と借入金の内容をみる

④資産の内容をみる

資産の部に並んでいる勘定科目は、その企業が負債や資本金で調達した資金をどのように運用しているかを表しています。ここに好ましくない勘定科目がないか、あるいはそれが増加していないかということをチェックしましょう。たとえば、有価証券投資や短期貸付金などの残高が増加していたり、新たに追加されていたり、という場合には、その内容について確認しておきます。

⑤借入金の内容をみる

銀行にとって、取引先企業の償還能力は非常に重要な問題です。借入金は、流動負債の中の短期借入金と、固定負債の中の長期借入金等に分けられます。その金額を前年度と比べ、変動幅を確認して下さい。大幅に増加しているときなどは、調達銀行と理由をヒアリングしましょう。

また、借入金の額が損益計算書の売上高と比べてどのくらいの規模になっているかで、その会社の借入余力を知ることができます。メーカーの場合ならば、年商の半分、卸しなどの場合は年商の4分の1が上限の目安。また総資産で見るときは、総資産の6割が上限です。

資産・借入金の内容をみる

短期・長期の比率は前年に比べてどうか。その理由は何か

資産の部		負債の部	
流動資産	4,625	流動負債	2,505
現金・預金	1,647	支払手形	986
受取手形	604	買掛金	351
売掛金	1,162	短期借入金	856
有価証券	146	その他	311
棚卸資産	893		
立替金	77	固定負債	2,136
その他	114	長期借入金	1,644
貸倒引当金	△20	退職給与引当金	492
固定資産	1,441		
有形固定資産	(1,047)		
建物・構築物	[illegible]	負債合計	4,642
機械装置	[illegible]		
土地	361		
その他	66	資本金	844
無形固定資産	(4)	資本剰余金	124
投資等	(394)	利益剰余金	456
投資有価証券	76	(繰越利益剰余金)	(986)
子会社株式	115		
投資不動産	57		
その他	144	純資産合計	1,425
資産合計	6,067	負債・純資産合計	6,067

P/Lの売上高との比率はどうか

前年度との増減はどうか
新たな勘定科目はないか

14 財務指標の意味と計算①

◉自己資本比率の算出

①自己資本比率

会社の財務内容を把握するための財務指標はいろいろありますが、中でも最も重要なのが、自己資本比率です。

この指標は、会社が抱える総資本に対する自己資本の割合を示すもので、左図のような計算によって導かれます。安全性のためには、自己資本が高ければいいということになるわけですが、あまり高すぎると、投下資本に対する利益率が低下するかも知れません。

左表で自己資本比率の各業態ごとの平均値を挙げておきましたが、これを一応の目安として、取引先企業の財務安全性を判断することができます。

わが国の中小、とりわけ零細企業の場合は、とくに過小資本の傾向が強く、往々にして自己資本比率が業種平均に満たないということがあります。株主となる企業経営者にカネがないのではなく、このような財務指標からみた会社像がどうなのか、ということをよく理解していない結果ということもできるでしょう。これからは銀行の側から、こうした会社の安全性について取引先を指導していくことも大切です。そのためには、みなさん自身が自己資本比率などの安全性指標に関心を持たなければなりません。

自己資本比率の計算

$$\text{自己資本比率}(\%) = \frac{\text{純資産の部①}}{\text{総資本(負債・純資産の部)②}}$$

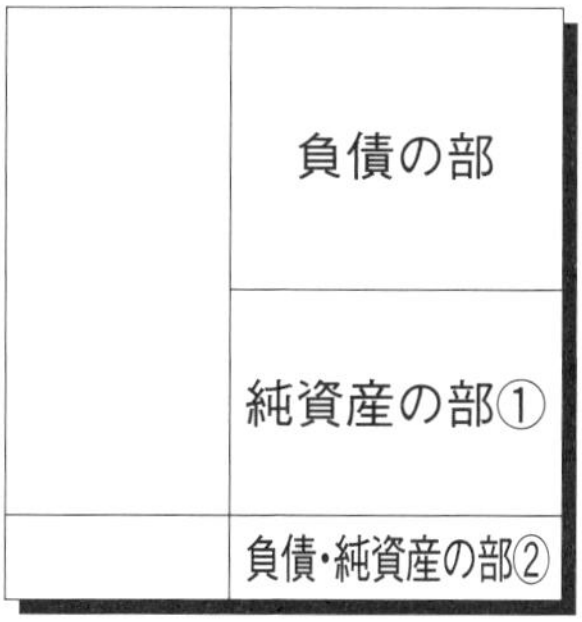

自己資本比率の平均値

業　　種	%
建　設　業	41.7
製　造　業	39.9
卸　売　業	33.9
小　売　業	47.2

「中小企業の経営指標」H.15年度調査

15 財務指標の意味と計算②

◉固定比率と固定長期適合率

②固定比率

固定比率は、会社の基礎的な資産である固定資産がどの程度、自己資本で賄われているかを表したもので、企業の安全性を測る指標です。

固定資産は、会社のサービスや製品を顧客に提供するために必要な設備ですから、これを買うためにできるだけ安定的な資金で賄っているほうが財務安全性が高いと言えます。算出方法は図の通りです。理論的には100％以内が望ましいとされます。

③固定長期適合率

固定長期適合率は、固定比率で分母となった自己資本に固定負債を加えて算出する財務指標です。長期借入金などの固定的な負債は、企業にとって長期安定的な資金であり自己資本に準ずると考えられます。

固定長期適合率も理論的には固定比率と同様100％以内が望ましいと言われています。

前述したどちらの指標も現実には悪化していることが少なくありません。中小企業だけでなく上場企業であっても同様で、財務や業況悪化が話題になるような企業ではやはりこの比率が悪化しています。

固定比率・固定長期適合率の計算

$$\text{固定比率(％)}=\frac{\text{固定資産①}}{\text{純資産の部合計③}}\times 100$$

$$\text{固定長期適合率(％)}=\frac{\text{固定資産①}}{\text{固定負債②}+\text{純資産の部合計③}}\times 100$$

資産の部	負債・純資産の部
流動資産	流動負債
	固定負債②
固定資産①	純資産の部合計③
資産の部合計	負債・純資産の部合計

16 財務指標の意味と計算③

◉流動比率

④流動比率

流動比率は、企業の短期的な決済能力の源泉とも言える流動資産が流動負債に対してどれだけあるかを表した指標で、自己資本比率や固定長期適合率などと共に企業の安全性を決済能力の観点から測る指標となっています。

理想値は200%。つまり流動負債の2倍の流動資産を有することですが、実際にそこまでの企業はなかなかありません。比較的財務内容が良いと言われる会社で150%ほどでしょうか。一般的な企業レベルで「これならいい」という水準は決めかねますが、120%から130%もあればまずまずとみていいでしょう。

むしろ資金繰りがタイトな企業の流動比率では、100%を下回っているケースも少なくありません。つまり、流動負債よりも決済の源泉たる流動資産が少ない状況になっているわけですから、そのような状態が決算の一時的なものなのか、あるいは経常的なものなのか試算表で確認しましょう。

企業の決済能力を表す流動比率は、景気が低迷してきて資金繰りが逼迫してくると、とくに注目されるようになります。

流動比率の計算

$$\text{流動比率(\%)}=\frac{\text{流動資産①}}{\text{流動負債②}}\times 100$$

資産の部	負債・純資産の部
流動資産①	流動負債②
	固定負債
固定資産	純資産の部合計
資産の部合計	負債・純資産の部合計

17 財務指標の意味と計算④

◉収益性の指標

⑤収益性の指標

収益性の指標の主なものは損益計算書における各利益段階の収益率を算出したものです。売上高に対する売上総利益や営業利益、経常利益での比率を算出することによって、収益力を把握することができます。また、コスト構造を知るためには、売上高に対して売上原価や「販売費及び一般管理費」がどの程度になっているかを見ます。

いま銀行ではバブル時の不良債権処理の苦い経験から、企業分析の重点が収益性よりも安全性や債務の償還能力へ移っています。企業の安全性と収益性をみてみると、そこには企業によってさまざまな事情を垣間見ることができます。

たとえば、急成長を遂げている企業では、収益性指標は軒並み優れているにもかかわらず安全性指標は概ね低調だったりします。また企業によっては、安全性は高いのに収益性はいまひとつというところもあり、この2つの観点が共に満たされている企業は、案外、少ないものです。

収益性に関する指標の計算

収益性に関するもの	計算式	目　安
売上高総利益率	$\frac{\text{売上総利益}}{\text{年間売上高}} \times 100$	20～30％以上
売上高営業利益率	$\frac{\text{営業利益}}{\text{年間売上高}} \times 100$	3～7％前後
売上高経常利益率	$\frac{\text{経常利益}}{\text{年間売上高}} \times 100$	2～6％前後
売上高当期利益率	$\frac{\text{当期利益}}{\text{年間売上高}} \times 100$	1～3％前後
販売費及び一般管理費率	$\frac{\text{販売費及び一般管理費}}{\text{年間売上高}} \times 100$	15％前後
総資本経常利益率	$\frac{\text{経常利益}}{\text{総資本}} \times 100$	8％前後
売上高純金利負担率	$\frac{\text{割引料＋支払利息＋社債利息－受取利息－受取配当金}}{\text{年間売上高}} \times 100$	1～2％以内

18 財務指標の意味と計算⑤

◉成長性の指標

⑥成長性の指標

成長性を測るためには、売上高や利益の推移を多年度にわたって把握する方法が一般的に行われています。左図は、あるサービス業の売上高と経常利益の推移をグラフにしたものですが、これを見るとこの企業がいかに急激に伸長しているか、ということがわかります。

成長性を測るときには、できるだけ複数期の実績で把握する必要があり、前年と比べ今年度はどうか、という2期間比較は逆に読み誤ることもあります。単年度決算には、特別な利益や損失といった要因が起こることも少なくないからです。

上場企業が作成する有価証券報告書には、過去5年間分の売上高や経常利益、資本額の推移などが掲載されています。企業分析は単期の指標で行うより、他年度にわたる業績推移を見た上で、見極めが必要なものも少なくありません。とくに企業の成長性は、その企業単独の事情でも変化するだけでなく、社会経済的な要因によっても大きく左右されます。

単に売上高や利益の単純比較にとどまることなく、業界動向や企業特性をよく把握した上で企業の成長性を見極めなければなりません。

成長性の指標

業績推移の例〈A社〉

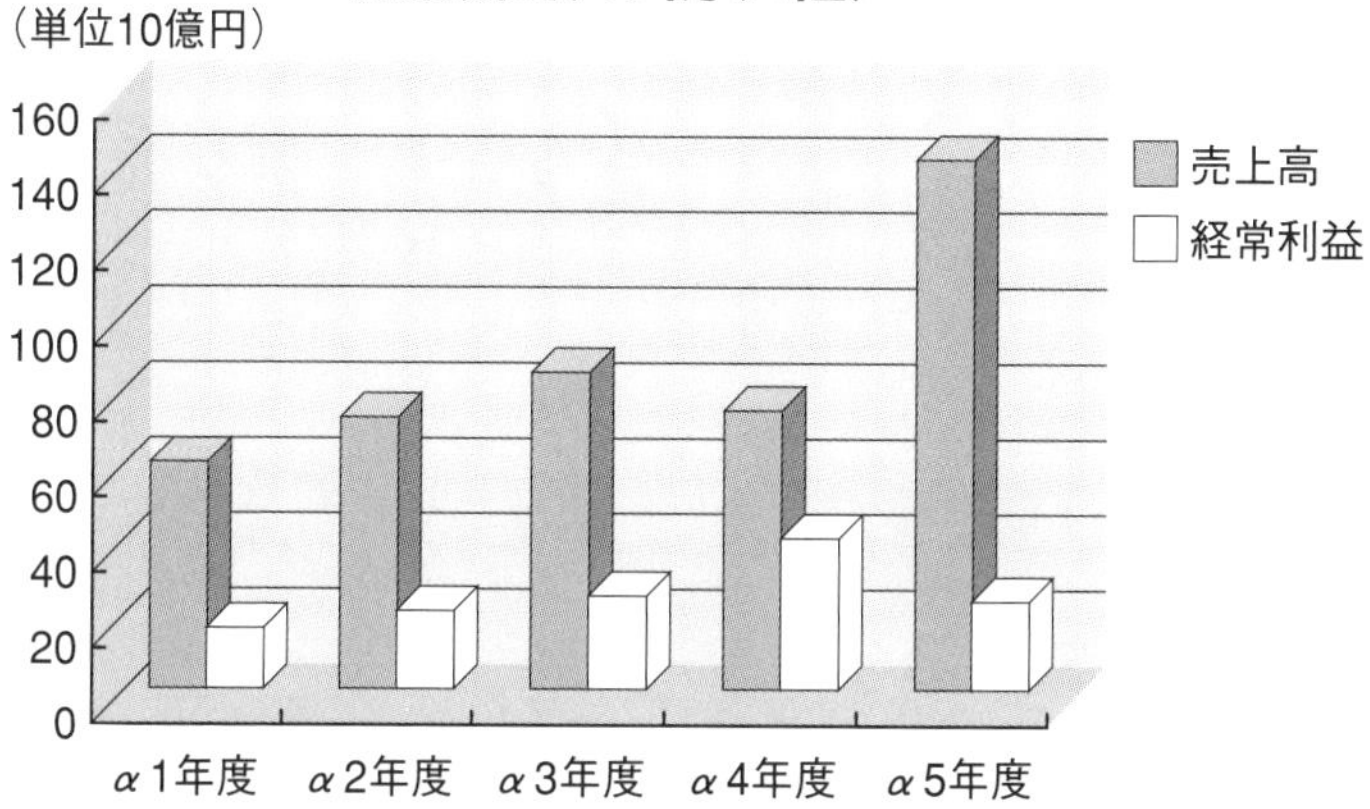

コメント例

- α4年度は減収となったが経常利益ベースで増益
- α5年度は大幅増収だが、減益
- 複数期で見た場合の売上高は順調に推移している

19 所要運転資金の算出

◉収支ズレによる所要運転資金の発生

企業がいったいいくらの運転資金を必要としているのか、算出してみましょう。運転資金は、左図のような簡略式で算出します。

受取手形と売掛金の合計のことを「売上債権」といい、支払手形と買掛金の合計を「支払債務」と呼びます。売上債権と支払債務の差額のことを「収支ズレ」といい、所要運転資金とは、収支ズレに在庫を加えたものです。

売上債権や支払債務、在庫の額はどのようなとき変化するのか考えてみましょう。売上高や仕入れ・販売条件が変わらなければ受取手形も売掛金の額も変わらないはずですし、それに要する仕入れも同じで支払手形の発行や買掛金の額も不変ということになります。在庫の残高も変わらず、結局、企業業績が横這いで推移しているときには、増加運転資金は発生しません。

ところが、売上が増えたり減ったりすると、売上債権や支払債務、在庫の残高に影響を及ぼし、所要運転資金に増減が見られるようになります。それが増加運転資金であり、ときに減産資金、あるいは在庫資金というような形をとることになるわけです。

企業が生きていて常に活動を続けているように、所要運転資金も時々の業績に応じて変化していきます。融資担当者はその変化をうまく把握しなければなりません。

1カ月間の支払いと回収スケジュール

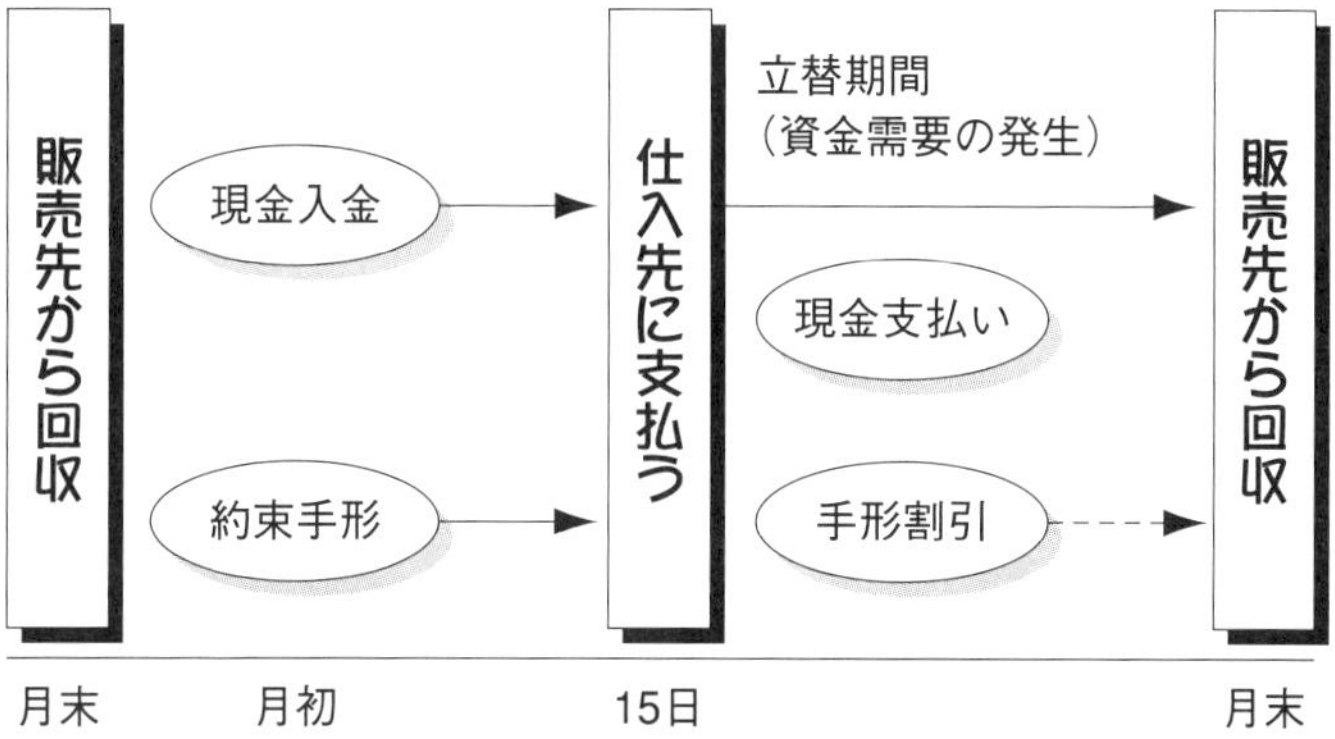

所要運転資金＝収支ズレ（売上債権－支払債務）＋在庫

※第1章18.「資金需要はなぜ発生するのか」を参照

20 回転期間でみる所要運転資金

◉月商の何カ月分かをみる

所要運転資金の考え方はすでに理解していただけたと思います。前項では運転資金の必要額を「残高」で把握しましたが、もうひとつ「回転期間」で把握する方法もあります。

回転期間というのは、月商の何カ月分になるかを意味しており、左図のような算式を用います。たとえば売上債権の回転期間が長くなった場合は、取引先からの回収条件に変更がなかったか、あるいは受取手形の中に不良債権が混じっていないかということが気になります。在庫回転期間が長くなれば、デッドストックを疑う必要がありますし、支払債務回転期間が長くなったら、資金繰り悪化から支払手形の乱発をしているのではないか、などと考えるわけです。

企業の業績は常に均一の状態で推移するわけではありませんし、全てが順調に右肩上がりの成長を遂げるわけではありません。融資担当者は、そうした生きた企業を相手にしているわけですから、相手の変化をいかに早く発見するかということに神経を遣う必要があります。回転期間での分析はその格好のツールとなるでしょう。

回転期間と所要運転資金

所要運転資金 ＝ 月商 × （売上債権回転期間 ＋ 在庫回転期間 － 支払債務回転期間）

売上債権回転期間＝売上債権／月商
※売上債権＝受取手形＋売掛金
在庫回転期間＝在庫／月商
支払債務回転期間＝支払債務／月商
※支払債務＝支払手形＋買掛金

21 資金運用表の作成①

◉単純資金運用表

資金運用表とは、ある期間に企業がどのように資金を調達し、どう運用したのかを表したもので、貸借対照表をベースにして作成することができます。資金運用表での分析は、融資担当者の財務分析には欠かせないものです。

資金運用表を分析すると、企業のさまざまな活動を把握することができるだけでなく、粉飾決算や何らかの決算操作などが浮き彫りになるケースも少なくありません。

資金運用表を作成するためには、まず対象となる企業の2期分の決算書を用意し、その比較貸借対照表を作成して2期間の増減を算出するところから始めます。

このとき、資産が増加することになるものと負債や資本の減少に当たるものは貸借対照表の左側へ配置し、また資産が減少することになるものと負債や資本の増加に当たるものは右側へ置きます。そうすることによって、この単純な資金運用表は右側が資金の調達、左側がその使い道、という対照を作ることになるわけです。

ここまで作成するのが資金運用表の第1段階で、実はこれだけでも資金運用の実態は大まかにとらえることは可能です。しかし、もっと正確を期すためにはここに表すことのできない調達と運用を把握し、修正する必要があります。

資金運用表作成の過程

❶ 2 期間の比較貸借対照表を作成する

このとき、運用＝資産の増加＋負債・資本の減少

調達＝資産の減少＋負債・資本の増加

というルールに従って運用・調達に仕訳する

資産の部	前期	当期	増減	負債及び資本の部	前期	当期	増減
現・預金	50	75	25	支払債務	110	120	10
売上債権	135	160	25	借入金	120	95	−25
在　　庫	115	125	10	割引手形	90	115	25
固定資産	330	345	15	未払法人税等	10	15	5
				資本金	160	210	50
				資本剰余金	80	80	0
				利益剰余金	60	70	10
				(繰越利益剰余金)	(20)	(30)	(10)
合　　計	630	705	75	合　　計	630	705	75

❷単純資金運用表を作成する

[運用]　[調達]

[運用]		[調達]	
現・預金	25	支払債務	10
売上債権	25	割引手形	25
在庫	10	未払法人税等	5
固定資産	15	増資	50
借入金返済	25	剰余金	10
計	100	計	100

❸損益計算書及び株主資本等変動計算書から次の修正項目を加える

①前期決算支出額　②当期税金支払額　③減価償却実施額

損益計算書

売上高	1870
売上原価	1360
売上総利益	510
販管費	360
営業利益	150
営業外利益	30
営業外費用	40
経常利益	140
税引前当期利益	70
法人税等充当	40
当期利益	30
減価償却実施額	50

株主資本等変動計算書

	前期	当期
利益剰余金	60	70
配当金	10	15
役員賞与	10	10
次期繰越利益	40	45

(単位：百万円)

22 資金運用表の作成②

◉決算調整

前項で作成した資金運用表では、実際に現金支出を伴わない費用である減価償却や貸し倒れ・退職給与などの引当金、役員賞与・配当金といった決算関係の支出の調整がなされていませんからそれを行います。

①まず、当期減価償却を資金の調達側へ計上し、運用側の固定資産の増減にも同額を合算してバランスをとります。

②次に引当金ですが、増加している場合は調達側、減少している場合は運用側へそのまま計上して下さい。

③税引後当期利益は税引前当期利益に戻して調達側へ計上します。もし、当期が赤字だった場合には、その欠損額を運用側へ計上します。

④社外流出（決算支出）については、前期決算書の利益処分案に計上された配当・役員賞与を運用側に計上して調整します。

⑤増資などを行っている場合には、当期増資現金払込額として調達側へ計上します。

⑥法人税等引当金は、貸借対照表に計上されている増減額を運用側に計上するのではなく、左図の式による算出額を運用側へ計上します。

決算調整の手順

①前期利益処分にある配当金10、役員賞与10を運用側へ計上
②当期税金支払い額を算出し、運用側へ計上、調達側の当期利益は税引き前のものを計上
〈算出する式〉
前期末未払い法人税＋当期法人税充当額－当期末未払い法人税＝当期税金支払い額
（B／S）　　　　（P／L）　　　　　（B／S）
実際に当てはめてみると、
10＋40－15＝35
③当期減価償却（50）を調達側へ計上、固定資産の増減（15）に減価償却額（50）を加算し、バランスをとる

[運用]		[調達]	
前期決算支出	20	税引前当期利益	70
（配当金10、役員賞与10）		減価償却	50
税金支払い	35	支払債務	10
固定資産	65	割引手形	25
現・預金	25	増資	50
売上債権	25		
在庫	10		
借入金返済	25		
計	205	計	205

（単位：百万円）

④利益と決算支出など基礎収支に係る部門と借入と返済など財務に関する部門、それと売上債権や在庫、支払債務など運転収支に関する部門とに分けると見やすくなる

資金運用表（3部制）

	[運用]		[調達]	
基礎収支	前期決算支出	20	税引前当期利益	70
	（配当金10）		減価償却	50
	（役員賞与10）		増資	50
	税金支払い	35		
	設備投資	65		
	（基礎収支余剰）	50		
	小計	170	小計	170
財務収支	現・預金	25	割引手形	25
	借入金返済	25		
			（財務収支不足）	25
	小計	50	小計	50
運転収支	売上債権	25	支払債務	10
	在庫	10	（増加運転資金）	25
	小計	35	小計	35
	合計	255	合計	255

（単位：百万円）

23 資金運用表の分析

◉増減・差額に注意

作成した資金運用表を分析してみましょう。

まず、会社の基礎収支である決算支出と利益との関係をみてみます。ポイントは、配当金や役員賞与などの支払額が当期利益額の範囲内で賄われているかどうか。企業の利益処分では、当期利益剰余金内での配当や役員賞与支払いを行うべきであり、それを超過した支払いは好ましくありません。

次に、設備投資（固定資産）の増減を確認し、その投資がどのような原資で行われたのかに注目します。①設備投資増は減価償却範囲内で行われているか、②それを超過した投資がなされているのならその資金は長期借入などの安定的な資金で賄われているのか、というように段階的に評価していきます。設備投資が過剰で、しかも短期借入に依存しているようなケースは要注意です。また、発生した増加（減少）運転資金がどのように賄われているか、それが妥当か確認します。

運転収支では、売上債権、在庫、支払債務の増減に歪みがないか、みてみましょう。売上債権が増加しているのに、仕入れに当たる支払債務が減少するなどの矛盾にも注意します。

資金運用表の分析例

資金運用表（2部制）

[運用]		[調達]	
前期決算支出	20	税引前当期利益	70
（配当金10）		減価償却	50
（役員賞与10）		増資	50
税金支払い	35		
設備投資	65		
現・預金	25	割引手形	25
借入金返済	25		
（増加運転資金）	25		
合計	195	合計	195
運転収支（内訳）			
売上債権	25	支払債務	10
在庫	10	（増加運転資金）	25
小計	35	小計	35

（百万円）

分析例

- 決算支出は、当期利益額の範囲内であり、妥当
- 今期、売上増により増加運転資金25百万円発生
- 設備投資資金は増資50百万円、及び内部留保の一部充当で賄っており、危なげない
- 約定弁済により既存借入減少。さらに余剰資金は現・預金でプール
- 増加運転資金25百万円は割引増により対応しており、順当

24 資金繰り表の仕組み

◉5つのチェックポイント

資金繰り表とは、企業活動における現金ベースでの収入と支出を月ごと（あるいは週ごと）にまとめたものです。決算書や試算表に計上される売上高は発生主義であり、実際の現金入金時期とは異なります。資金繰り表は、現金の出入りを軸にした一覧表であり、企業の収入と支出という即物的な面から決済状況や資金的な余裕を把握するのに役立ちます。

次頁に資金繰り表の例を出しました。お客様から徴求したときのチェックポイントは次の通りです。

①まず検算し、内容が正しいか確認する（たまに間違っています）
②手持ち現金の繰越額がいくらか、経常的な収入、支出に錯誤や欠落がないか
③融資の申込みがあった場合には、その融資申込額が資金繰り表にどのように反映しているか。また融資を実行しなかった場合の過不足はどうなるか
④資金繰りを時系列に見たとき、経常的な収入、支出にばらつきはないか、安定しているか
⑤非日常取引での支出、収入はあるか、その内容はどんなものか

資金繰り表のモデル

資金繰り表

		月	月	月	月	月	月	計
前月繰越	現金A							
	(手形) a							
経常収入	売上回収 現金							
	(手形) b	( )	( )	( )	( )	( )	( )	( )
	受手期日入金 c							
	割引手形(落込内) d							
	(落込額)	( )	( )	( )	( )	( )	( )	( )
	計B							
経常支出	仕入支払い 現金							
	(手形)	( )	( )	( )	( )	( )	( )	( )
	(裏書譲渡手形) e							
	支手決済(除設備)							
	営業費現金							
	(手形)	( )	( )	( )	( )	( )	( )	( )
	支払利息							
	計C							
経常収支尻D(B-C)								
経常外収支 収入								
経常外収支 支出	決算支出							
	設備支手決済							
	設備支払い 現金							
	(手形)	( )	( )	( )	( )	( )	( )	( )
	経常外収支E							
総合収支尻F(D+E)								
財務収支	割引手形(増額) f							
	借入金							
	(内設備)							
	借入金返済							
	(内設備)							
	財務収支G							
翌月繰越	現金(A+F+G)							
	手形(a+b)-(c+d+e+f)	( )	( )	( )	( )	( )	( )	( )

売上高							
仕入高							
在庫高							
(前月末在庫高)							

コメント

25 キャッシュフローの考え方

◉現金の動きをみる

貸借対照表や損益計算書の他に、財務状況を把握するために会社のキャッシュフローに着目する方法があります。キャッシュフローとはある決算期に発生した現金の流れのことで、大手企業などではこれをまとめた「キャッシュフロー計算書」を作成しています。そしていま、支払能力が高いほど企業の安全性は増す、という考え方から、キャッシュフローが従前にも増して重要視されるようになっています。

さてこのキャッシュフロー、一見、難しそうですが考え方は至って簡単です。ここでは、基本的な考え方を知るために「減価償却費」を例にとって考えてみます。

左頁の図を見ると、損益計算書において減価償却費は、製造原価あるいは一般管理費などの項目で費用として差し引かれています。でも、減価償却という費用はあくまで会計上のものであって、実際に現金を社外に支払っているわけではありません。したがって、「会社に現金がいくら残っているか」を知るためには、減価償却費として差し引かれた金額は、利益額に加算しなければなりません。

同じように、たとえば土地や有価証券の評価損などは、損益計算書上はマイナスでも、実際に現金を支払ったわけではないので減価償却費と同じく利益に加算します。一方、借入金の返済などは、費用とは無関係ですが、現金が出ていったわけですから減算しなければなりません。

こうした考え方に基づき、現金の動きを会社の営業面、財務面、投資面などに分けて明示したものがキャッシュフロー計算書です。

キャッシュフローにおける減価償却の取扱い方

損益計算書では

売上高	100
⋮	
減価償却費	△20
⋮	
当期利益	10（百万円）

← 減価償却費は費用として、考えるので減算する

しかし、キャッシュフローの考え方では

当期利益	10
減価償却	20
	30
	（百万円）

← 30百万円のキャッシュフローを有していることになる

◎第 3 章◎

担保の基礎知識

1 担保をとる

◉物的担保と人的担保

銀行から融資を受けている人を債務者と言います。債務者が何らかの事情でその債務を返済できなくなった場合に備え、銀行では前もって貸出金の回収を確実にするための手段を講じておく必要があります。それが担保です。

担保をとるとは、債務者との合意の上で不動産や有価証券など、銀行が正式に定めた担保物件に対し、（根）抵当権、質権などを設定したり、あるいは連帯保証などを差し入れて頂いたりすることです。担保権が成立するために必要な条件のことを成立要件と言います。

また、いざというとき債権回収を確実にするため、法律的に第三者に対して対抗できる要件を満たしておくことが必要になります。これを対抗要件と言います（本章5．「担保の種類と対抗要件」を参照）。

成立要件、対抗要件は担保の種類によって異なります。

このような物的担保に対し、連帯保証を頂く場合もあります。これを人的担保と言います。

物的担保と人的担保

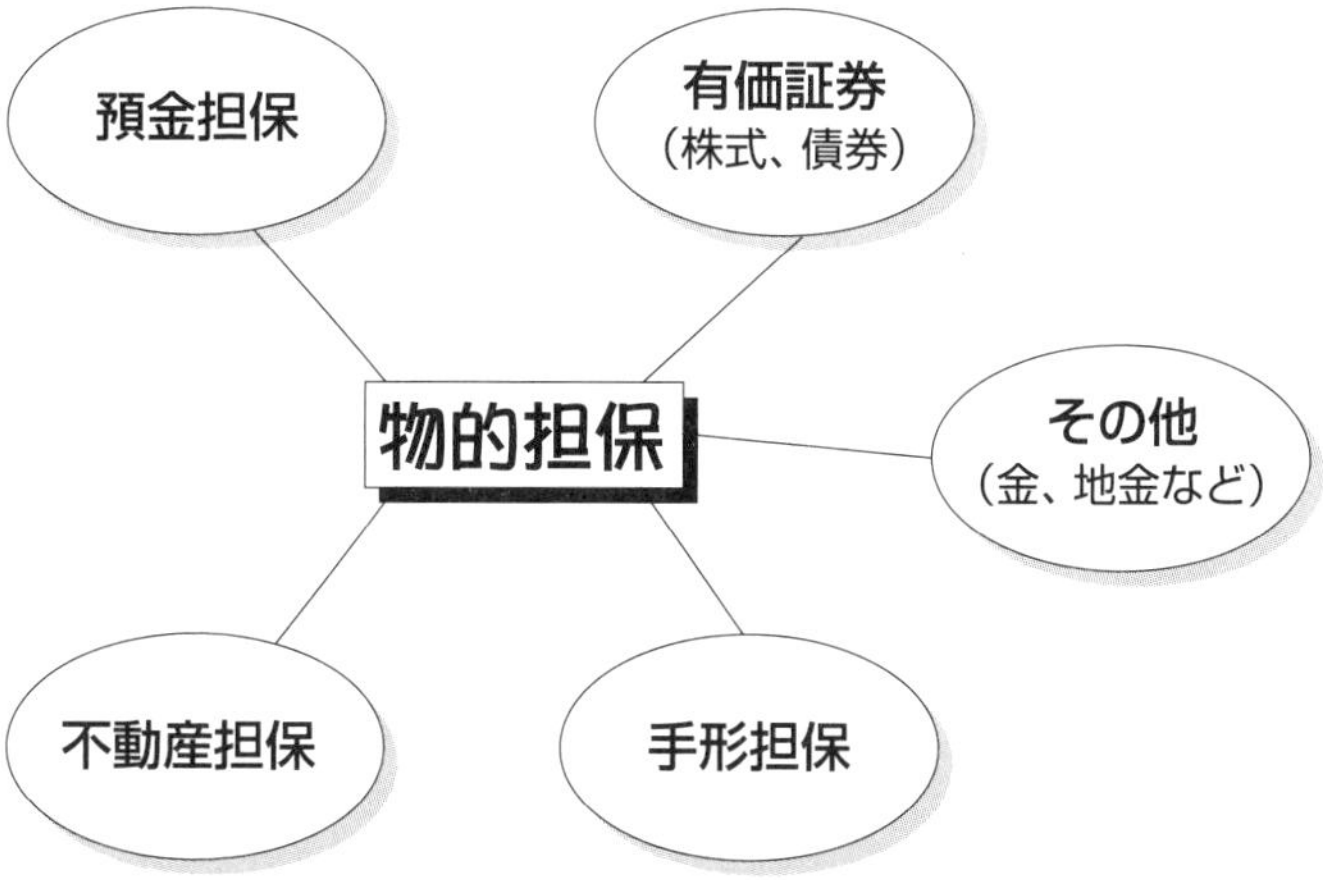
物的担保
預金担保
有価証券
（株式、債券）
その他
（金、地金など）
不動産担保
手形担保

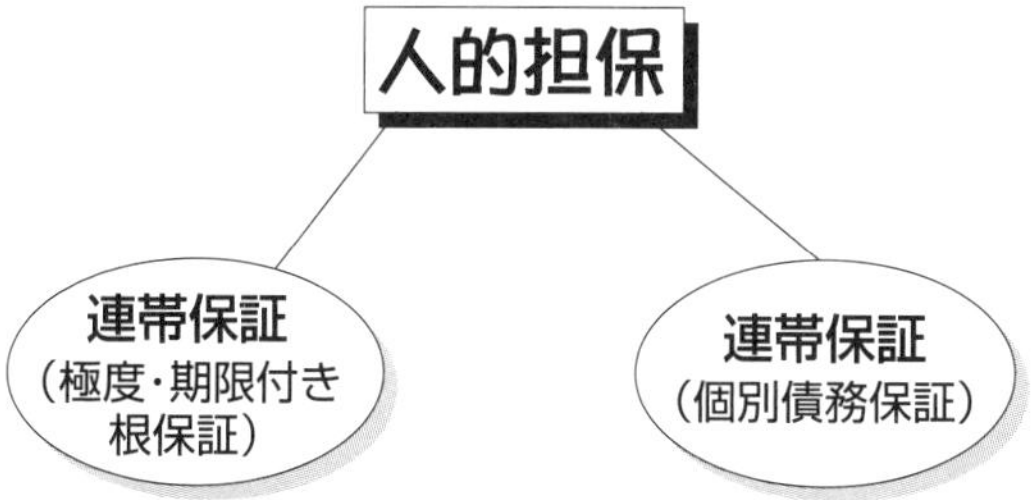
人的担保
連帯保証
（極度・期限付き
根保証）
連帯保証
（個別債務保証）

2 どんなものが担保になるのか

◉担保に求められる条件

読者のみなさんもよくご存知の不動産、株式や債券といった有価証券、預金などはもちろん担保になるわけですが、一方で資産なら何でもいいかというとそうではなく、たとえば盆栽や絵画などは銀行の担保としてふさわしくありません（といっても、バブル時代に絵画などを担保にとっているケースもありましたが）。

担保になるもの、ならないものを比べてみると違いがよりはっきりします。

担保になるものは、値段など、評価に客観性があり、担保価額がかなり安定しているという特徴があります。また、いざというときの処分が容易で、担保の維持管理も簡単だということが言えます。

これに対し、担保にならないものは（たとえば盆栽などを頭に思い浮かべるとよくわかると思いますが）、人によって担保そのものに対する評価がまちまちだったり、価格の変動が激しく、貸出金をどのくらい回収できるか見込みが立たないということが言えます。

管理をするのに手間がかかる（盆栽などを担保にすると毎日水をやったりしなければならないという手間がかかります）、売るに売れない、というものは担保には向いていません。

担保に求められる性質

担保に求められる性質

担保評価の客観性

担保の価額を客観的に評価することができること

担保価値の安定性

価格が急に変動したりすることなく、安定していること

担保管理の簡便性

担保を管理するのに手間がかからず、簡単であること

担保処分の容易性

いざ処分するとき、早く確実に処分できること

3 保証人をとるとは

◉保証人が適正か否かの判断

保証人というのは、貸し出した先（債務者）の返済が不可能になった場合に、それに代わって債務を代弁する責任を負う人のことです。銀行では、物的担保をとる他に資力のある個人、あるいは別の会社から保証書を差し入れてもらい、債務者が債務履行できなくなった場合に備えるということを日常的に行っています。

保証は法的な行為ですから、本人に行為能力があることが前提条件です。未成年者などは行為能力がありませんし、被後見人・被保佐人も同じです。個人相手に保証を得る場合には、相手の行為能力を確認してから保証依頼をする必要があります。

保証人が法人の場合でも、取締役会の承認を得ていないなどのケースもありますから、このような場合には保証人にはなれません。また、交渉相手になっている人が会社を代表する権限があるかどうかということも確認しておく必要があります。

それにもうひとつ。保証人が個人の場合には、保証する意思があることが必要です。相手の気持ちを確かめることを「意思確認」と言いますが、逆に保証意思がない人は保証人になれない、保証人にしてはならない、ということになります。

連帯保証の仕組み

融資先が倒産すると、連帯保証人が代わって返済する

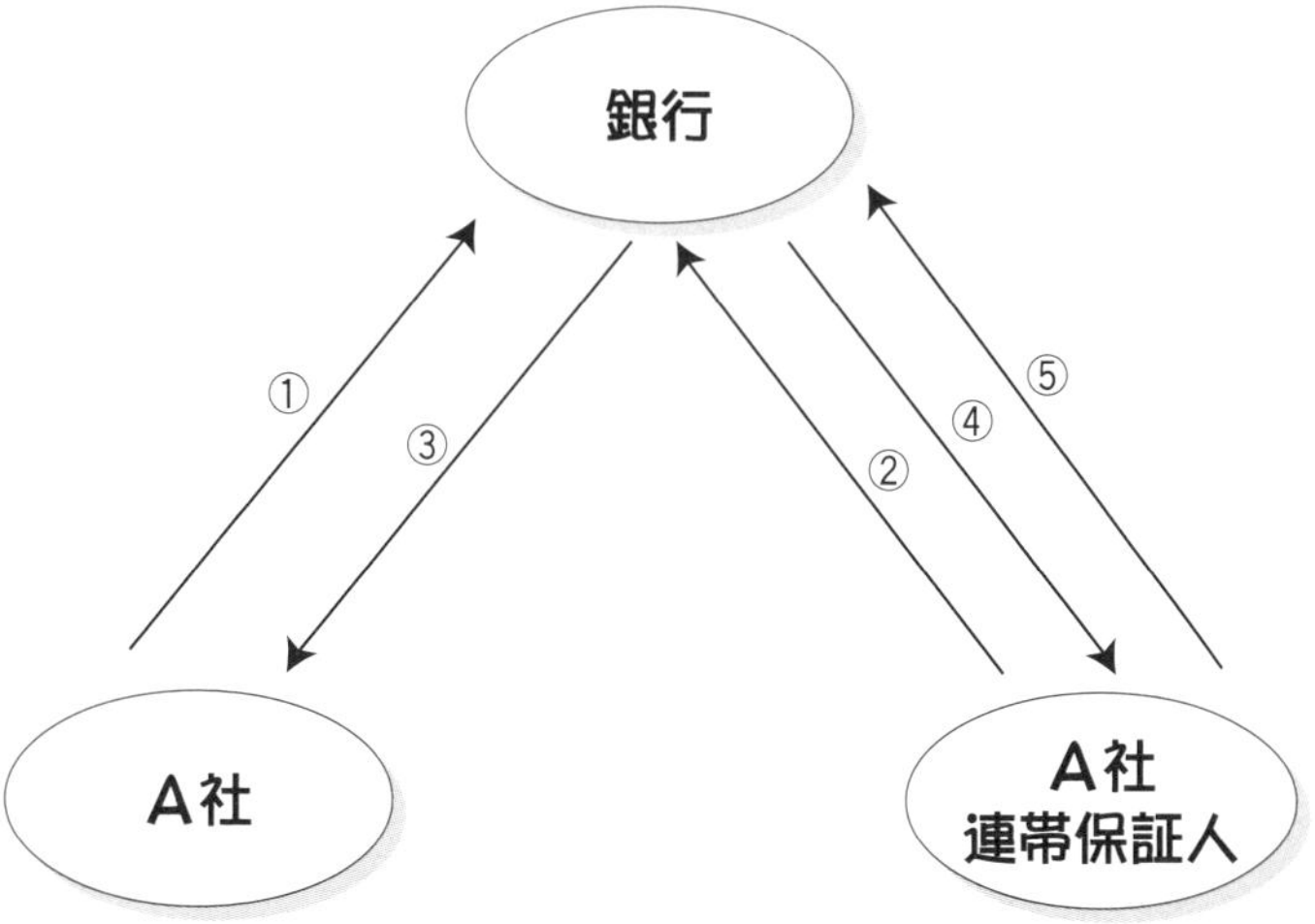

①金銭消費貸借契約証書差入れ
②保証書差入れ
③融資
④債務履行請求
⑤債務履行

4

保証申し受け時の注意点

◉保証意思・行為能力の確認

個人から保証を申し受ける場合には、相手の行為能力を確認する必要があります。確認資料で相手が未成年・被後見人・被保佐人ではないことを確認して下さい。行為能力のない個人を相手にした取引は、後日無効になることがありますから注意が必要です。また、法律的には行為能力がない場合でも後見人などを立てれば良いことになっていますが、実際の融資ではよほどやむを得ない事情がない限り、このような取引はしないほうがいいでしょう。

保証意思の確認は、厳重に行って下さい。保証人に対しては、借入・保証の内容についてよく説明し、相手の意思を確認した上で署名捺印をしてもらわなければなりません。ポイントのひとつは、かならず面前自署をしてもらうことです。

借入人に書類を渡し、「保証人のサインをもらってきて下さい」などというのは不正や事故を招くもと。保証人と直接会うことができない場合には、電話などで内容を確認した上で郵送で書類を送り、返送してもらいます。

面前自署ではない保証書を申し受けた場合には、保証意思について再度書面で確認します。

保証申受時の確認チャート

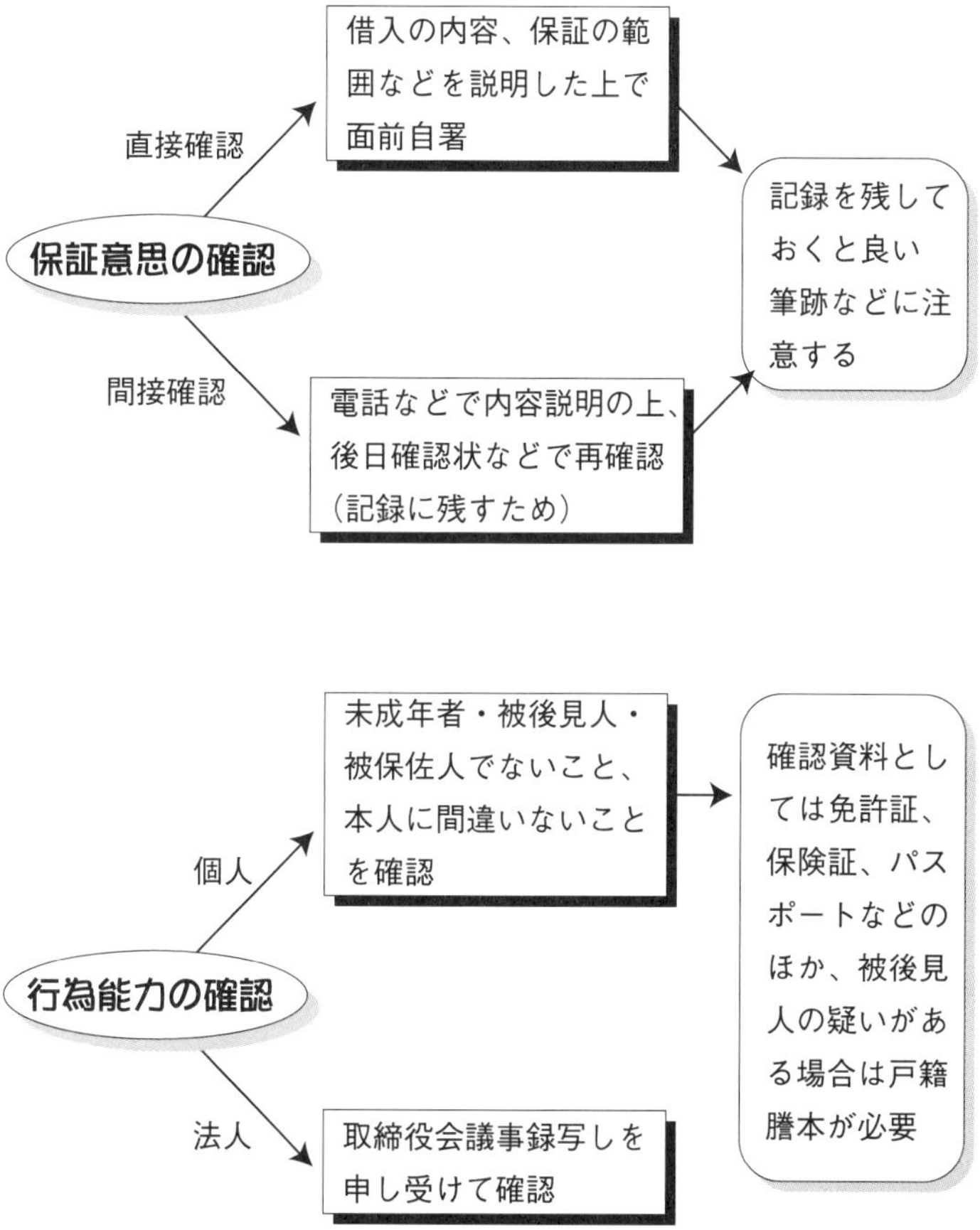
保証意思の確認
直接確認
借入の内容、保証の範囲などを説明した上で面前自署
間接確認
電話などで内容説明の上、後日確認状などで再確認（記録に残すため）
記録を残しておくと良い筆跡などに注意する
行為能力の確認
個人
未成年者・被後見人・被保佐人でないこと、本人に間違いないことを確認
法人
取締役会議事録写しを申し受けて確認
確認資料としては免許証、保険証、パスポートなどのほか、被後見人の疑いがある場合は戸籍謄本が必要

5 担保の種類と対抗要件

◉成立要件と対抗要件とは

申し受けた担保が法的に機能するためには、「成立要件」と「対抗要件」を満たしていなければなりません。

成立要件とは、当事者間で法律上担保として成り立つための必要条件、対抗要件とは、成立した担保権が他の債権者の権利と競合したときに優先弁済を受けるための条件のことです。また、各担保権の意味については次の通りです。

①質権

借入を返済するまでは担保物件を預かり、返済ができなくなった場合にはそれを処分して弁済を受ける担保権のこと。

②(根)抵当権

不動産担保で、担保目的物である土地や建物を債務者が使用したままの状態で担保とし、返済がない場合には処分して弁済を受けることのできる担保権。

③譲渡担保権

株などの所有権を銀行に移し、返済ができない場合はそれを処分して弁済を受けることのできる担保権。
譲渡担保は、質権や抵当権と違って法律の規定がないため、判例でその効力や内容が認められている。

成立要件・対抗要件

	担保権の種類	成立要件	対抗要件
預金担保	質権	質権設定の意思を示し、通帳(証書)を銀行に差し入れること	担保差入証書に確定日付をとること
手形担保	譲渡担保権	手形に裏書した上で銀行に差し入れること	同左
有価証券担保	質権または譲渡担保権	有価証券の交付	有価証券の継続的な占有
不動産担保	(根)抵当権	抵当権設定の意思があること	不動産登記

6

担保の変更

◉債権保全に十分注意する

さまざまな事情で、融資実行後に担保を変更しなければならないことがあります。その場合は慎重な対応を心がけて下さい。

たとえば、Ａ不動産からＢ不動産へ変更したところ、後になって傾斜地だったとかの問題が出てきた、というケースがないとは限りません。担保の変更を失敗することによって、銀行の債権保全が脅かされるようなことにでもなれば一大事です。そのため、担保変更時には十分な注意が必要ですし、やむを得ない事情がある場合を除き、変更には慎重を期します。

実務上で最も多いのは、有価証券担保の差し替えなどです。お客様の中には、銀行の承諾も得ないうちに証券会社との間で電話売却を行ってしまうような方がたまにいらっしゃいます。みなさんの取引先の中にはそのような方はいらっしゃいませんか？　もし、いらっしゃれば担保の意味を十分、説明して下さい。

担保変更をするときには、相手の事情、また取引先の業績がどのように推移しているかなど、事前によく検討して下さい。ただ保証人変更のうち、オーナー経営者の場合は、原則、自分が経営している会社の連帯保証をして頂くのが一般的であって、変更は難しいでしょう。オーナー経営者の連帯保証は、いざというときの債権保全という前に、会社経営に熱を入れてもらうための精神的側面も大きいからです。

担保変更の留意点

預金担保	金額、期日、利息等の確認
手形担保	裏書きのチェック
有価証券担保	時価評価、値動きに注意
不動産担保	物件に瑕疵がないかを確認

確認しよう

- 担保物件の評価を厳密に行う
- オーナー会社の保証人変更は原則不可
- 担保の所有者（権利関係）と意思をチェック

7 質権

◎質権・抵当権・譲渡担保の相違

銀行取引の上で頻繁に目にし、実際に取り扱うことが多い担保権として、質権、抵当権、譲渡担保があります。

質権では、担保物件（担保の目的物）の占有（持っていること）を債務者から債権者である銀行に移転します。そして、債務の弁済、つまり貸出金が回収し終わるまでそれを預かり続け、もし途中で何らかの事情があり債務の弁済ができなくなった場合に処分することにより、債権者たる銀行が優先的に弁済を受けることができるという担保権です。

後で説明する抵当権と比べてみると、抵当権が所有不動産を担保設定後もそのまま使用できるのに対し、質権の場合は占有の移転、つまり債権者たる銀行が取り上げてしまうわけですから、その点精神的な強制力は強いと言えます（留置的効力と言います）。

質権の目的物として、譲渡可能なものならば預金などの財産だけでなく、理屈の上では不動産などでも設定することができるのですが、銀行業務上は預金担保などでの担保権として考えるケースがほとんどです。

質権の性質

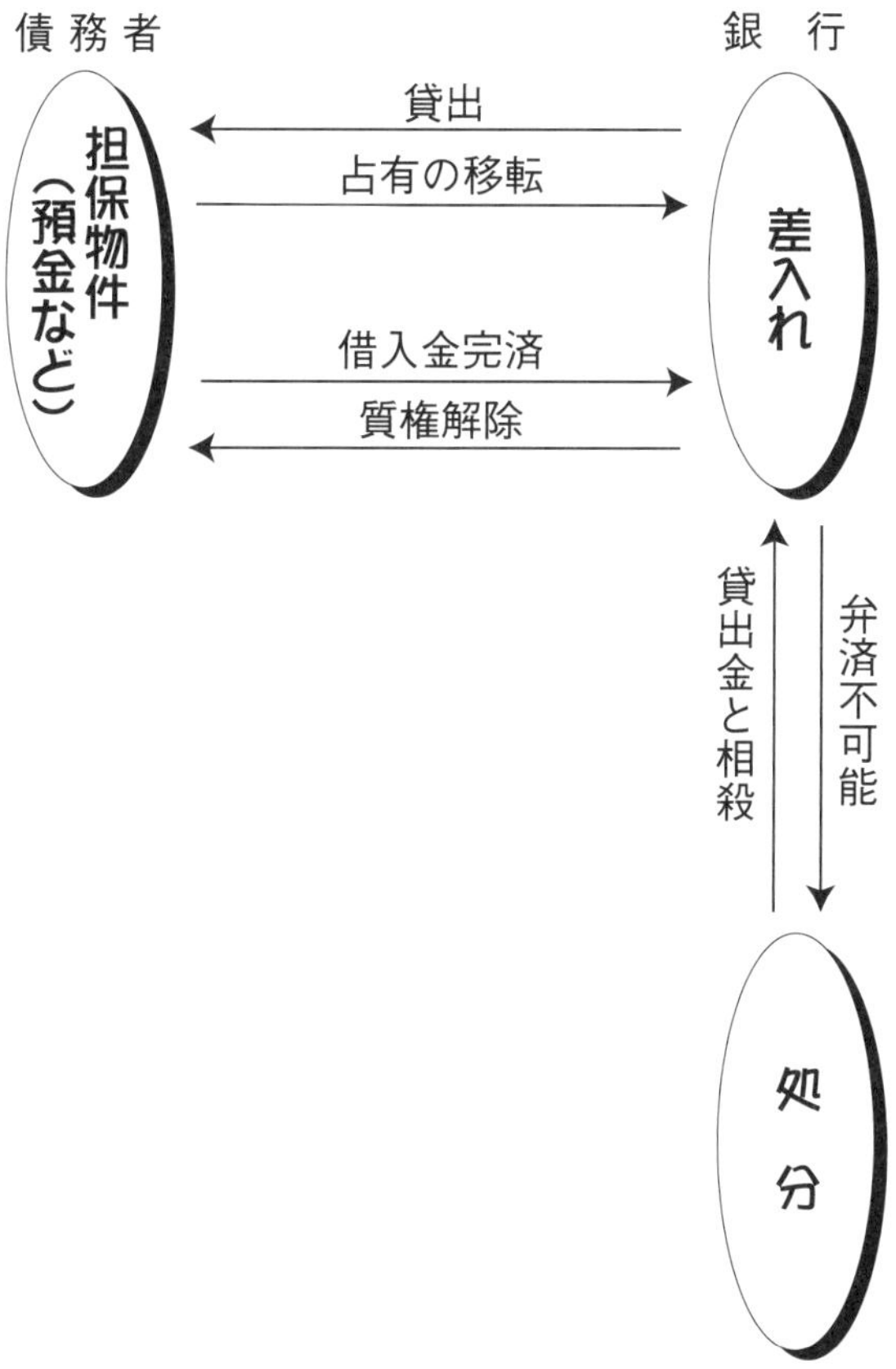
債務者
銀行
担保物件（預金など）
貸出
占有の移転
借入金完済
質権解除
差入れ
貸出金と相殺
弁済不可能
処分

8

抵当権

◉質権との違い

抵当権は、銀行業務では主に不動産担保の提供を受けたときに設定される担保権です。

質権のところでも説明しましたが、抵当権を設定してあっても、債務者はいままで通り引き続いてその不動産を使用することができます。

たとえば、不動産担保として提供された土地が会社の所在地である場合、質権のように銀行に預けてしまったら引き続き営業ができなくなってしまいます。そうすれば当然、貸出金も返済できなくなるわけですから、会社所在地の不動産に質権を設定するわけにいかないわけです。

不動産担保として銀行に提供しながらも、その不動産は引き続き使用することができる。それが抵当権の特徴です。

仮に債務者が債務不履行になった場合、提供された担保不動産の処分により債権者は優先的に債務の弁済を受けることができます。

ところで、抵当権も質権も、当事者の合意によって成立する担保権という意味では同一の種類と考えられます。質権の場合は、担保の目的物を債権者に渡す必要があるのに対し、抵当権の場合はそのまま使えるという点が、2つの担保権では異なるところです。

抵当権の性質

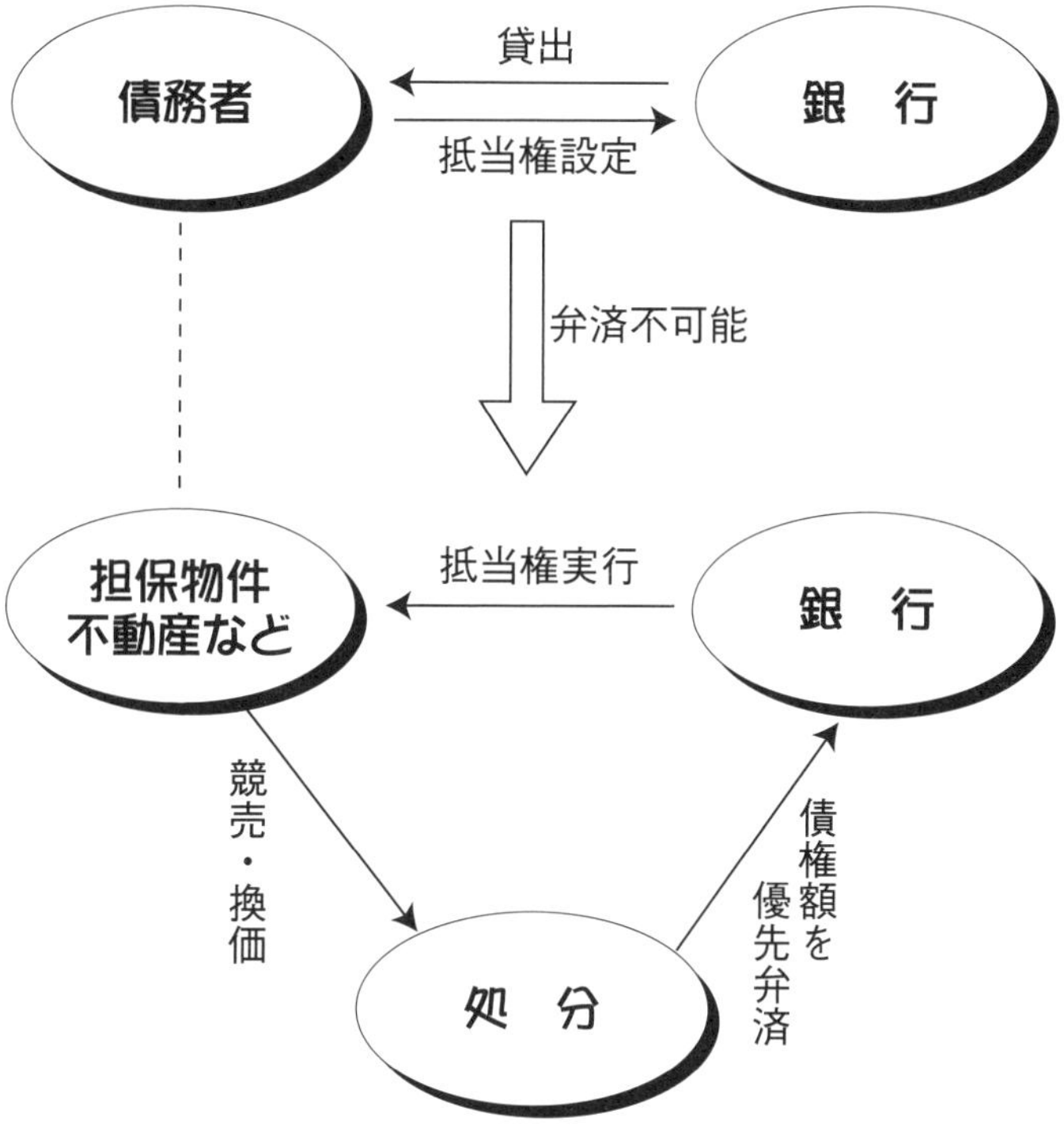

9 登記

◉不動産担保の抵当権の設定

質権の場合なら担保物件を預かるわけですから、その行為だけでも担保として提供を受けていることはわかります（実際には預かるだけではなく、差入証書や確定日付などが必要ですが）。それに対し、抵当権の場合は引き続き債務者が使用しているわけですから、何も知らない第三者に対してどのように担保権の存在を知らせ、また成立させることができるか疑問に思われるでしょう。

その答えは「登記」です。

不動産担保に抵当権を設定するとき、相手に担保差入れの意思があることを確認し（成立要件）、さらにそれを登記する（対抗要件）ことによって抵当権はその効力を発揮するのです。それは次に説明する根抵当権も同様です（本章5．「担保の種類と対抗要件」を参照）。

「登記」という言葉は一見、難解ですが、「登録する」というときの「登」に、「記録する」の「記」が合わさったもので、〝登録し、記録する〟という意味だと考えられます。登記は、各地の法務局で行います。

抵当権の設定登記

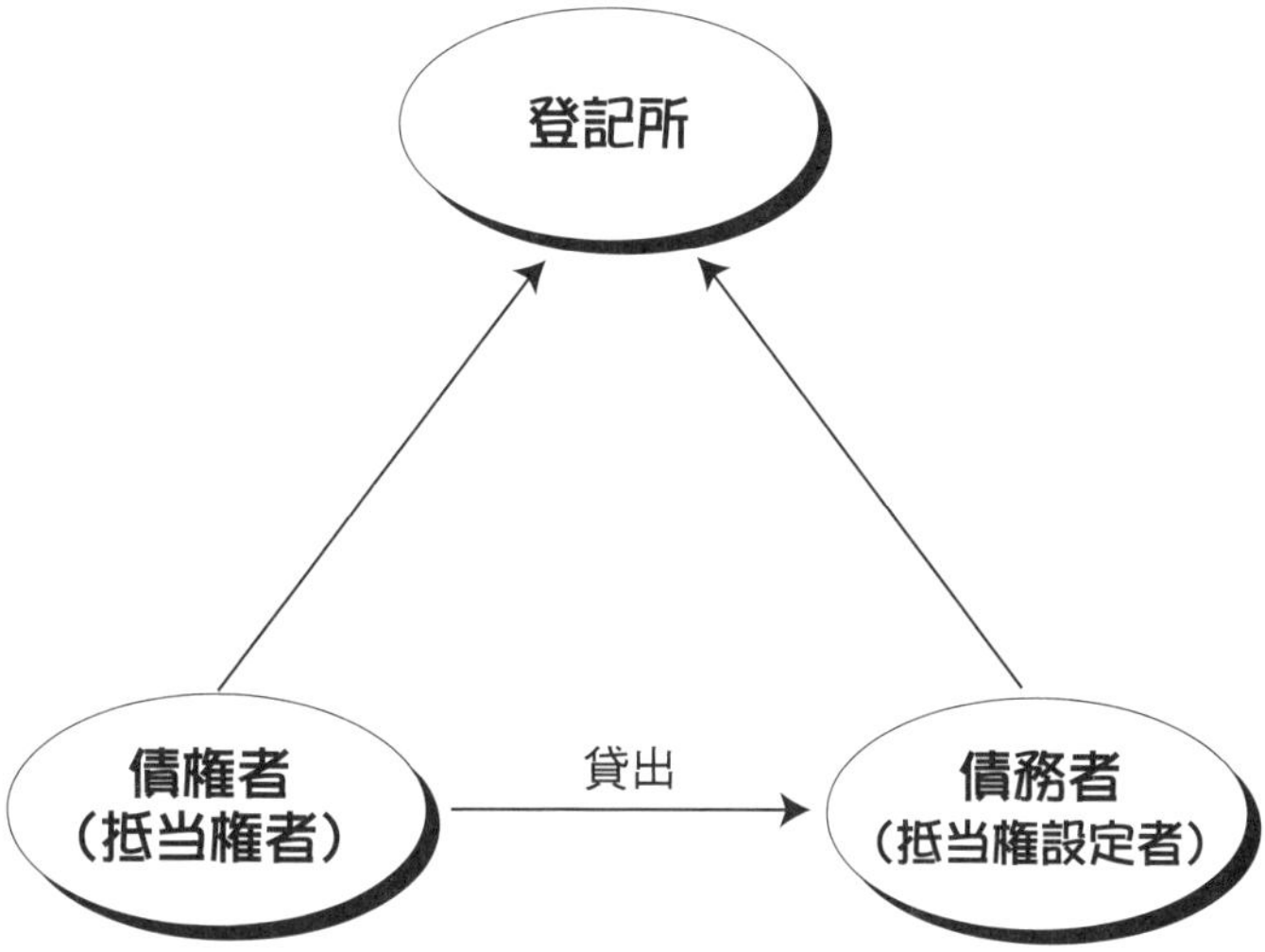
登記所
債権者
（抵当権者）
貸出
債務者
（抵当権設定者）

10 根抵当権

◎抵当権との相違を知る

根抵当権も抵当権の一種ですから、債務者が債務不履行に陥った場合に優先的に弁済を受けられるという点で共通しています。抵当権と根抵当権との違いは、前者が特定の債務だけを担保するのに対し、後者の根抵当権は債務者の継続的な取引から生ずる債務を担保するということです。

抵当権は債務が弁済されてしまうと消滅してしまいますが（これを付従性《ふしょうせい》と言います）、根抵当権の場合は債務が消滅しても再び債務が発生すればその債務を担保することになり、抵当権と比較すると付従性がないことになります。

また、担保される範囲にも違いがあります。抵当権の場合は貸出元本だけでなく、その利息や遅延損害金に対して最後の2年間分だけしか担保されません。これに対し根抵当権の場合は極度内であれば、どれだけの元本も利息・遅延損害金も担保されるのです。

根抵当権の場合は、極度を超えたら担保されないわけですから、仮に1億円の貸出に対して1億円の根抵当権しか設定していなかった場合、この貸出の利息は担保されないことになります。そうならないように、実務では元本の10％増の根抵当権を設定する等の対応により、利息他の取りはぐれを防いでいます。

抵当権と根抵当権の違い

	抵当権	根抵当権
担保の範囲	債権元本プラス２年分の利息、損害金	元金、利息、遅延損害金を含めて極度額まで
付従性	債務の弁済によって消滅	債務が弁済されてもそのまま存続
対象	特定の債務	不特定の債務、反復継続取引（当座貸越など）

11 （根）抵当権設定に必要な書類

◉設定漏れに注意

（根）抵当権設定や抹消など、金融機関が行う登記は担保関係のものが多いわけですが、これらは原則として銀行の支店に出入りしている司法書士を通じて手続きを行っています。登記のためには当然、登記設定のための書類が必要になるため、融資担当者として取引先から過不足なく書類を申し受ける必要が生じてきます。

予め取引先に対して必要書類を連絡し、さらに書類の受け渡しでは司法書士に同席してもらって確認を行うなど念入りに行って下さい。

ところで、このようにして設定された登記を閲覧するためには、目的の不動産住所を管轄している登記所に赴いて行います。ここで「閲覧申請書」という書類に記入し、閲覧を申し込みます。

手続きが完了し、不動産登記簿が出来上がったときには、内容をよく確認し、設定金額や設定漏れなどのミスがないかよく確認して下さい（ごくまれに漏れがあります）。土地の場合はとくに分筆された土地がないか、建物の場合には増築による未登記物件など要注意です。また登記簿謄本そのものが真正なものであるか、というチェックも行って下さい。

(根)抵当権設定に必要なもの

①(根)抵当権設定契約証書
②委任状
③資格証明書（法人の場合）
④印鑑証明書
⑤不動産権利証
⑥実印

12 累積式と共同担保

◉長所・短所の比較

担保として申し受ける不動産がひとつ（1筆）しかない場合は、その物件に対して根抵当権をひとつ設定する「単独担保」という方法をとります。

しかし、一般に不動産担保を申し受ける場合、その目的となる物件がひとつだとは限りません。通常、土地を担保に頂く場合はその土地上の建物にも同様に担保設定するのが原則です。さらに、土地にしてもいくつかの筆に分かれていたり、建物も複数棟あったりしたとき、どのように根抵当権を設定すればいいのでしょうか。

このような場合に、それぞれ個別の不動産に対して別々に複数の根抵当権を設定する方法がまず考えられます。土地Aにいくら、土地Bにいくら、建物Cにいくらというように根抵当権を分けて設定し、その合計額で貸出の担保額になるようにするものです。これを「累積式担保」と言います。

また、複数の不動産に対して1個の根抵当権を設定する方法もあり、これを「共同担保」と言います。

累積式、共同担保のどちらの方式にするかは、それぞれの特徴を念頭に置いた上で担保物件の状況などを勘案して決めます。

累積式と共同担保の違い

	長所	短所
累積式	複数の担保物件に対して個別に抵当権が設定されているので、一部担保の変更や任意売却・競売などが発生したときに対処しやすい	それぞれの担保物件への設定額計と貸出が見合っているケースが多いため、一部物件の評価が下落したときに担保不足に陥りやすい 一部の担保評価額が増しても、他の担保不足を補うことはできない
共同担保	共同担保としている担保のうち一部物件の評価額が低下しても、他の物件に評価余力があればそれで補うことができる	共同担保とした複数物件のうち、一部だけを売却したりするときには他物件での登記変更等も必要になるなど、手続きが煩雑になる

13 累積式と共同担保の比較

◉どっちを選択するかの判断基準

累積式が好ましい場合としては、

①それぞれの担保物件提供者が異なり、担保価額を予め確定しておく必要がある場合

②近い将来、一部の担保で任意売却などの予定がある場合があります。

一方、共同担保が好ましい場合としては、

①同じ担保に根抵当権を設定している他行が共同担保としている場合

②地続きの場所だが登記上は分筆されて複雑物件となっている場合(とくに細かく分筆されている場合などは担保の取り洩れに注意)

③担保処分する場合に、複数物件を一括して売却したほうが評価額が増すなどのメリットが見込める場合があります。

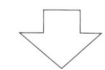

累積式と共同担保の比較

		累積式		共同担保	
物　件	評価額	設定額	取り分額	設定額	取り分額
土地 A	100	80	80		
土地 B	150	100	100	330	330
土地 C	200	150	150		
合　計	450	330	330	330	330

		累積式		共同担保	
物　件	評価額	設定額	取り分額	設定額	取り分額
土地 A	60	80	60		
土地 B	170	100	100	330	330
土地 C	130	150	130		
合　計	360	330	290	330	330

金額は根抵当権極度設定額（単位：百万円）

ここがポイント

担保として申し受けている土地の評価額が値下がりした場合、累積式では土地Aおよび土地Cで取り分額が減り、最終的に設定額3億3千万円に対して2億9千万円となる。これに対し、共同担保の場合は、各不動産担保個別の増減の影響を受けることなく、取り分額は不変

14

不動産登記をみる

◉不動産の権利情報を把握できる

不動産登記記録（不動産登記簿）を確認すれば、その不動産の種類・面積、所有者だけでなく、担保の設定状況などの権利関係まで把握することができます。

土地を取得したとき、あるいは家を新築したときなどに、私たちは当該不動産の所有者になったことを「登記」します。登記によって法律的にその土地・建物を所有していることが認められるというのがわが国の制度であり、これを行うことによって第三者への対抗用件を備えることができるのです。

不動産登記簿は、平成16年公布の不動産登記法の改正により、紙ベースだった「登記簿」からデータベース化された「登記記録」に改められた他、従来、「表題部」「甲区」「乙区」の三分構成になっていたものが、「表題部」と「権利部」の二部構成になりました。

ただし、改正法の施行後もまだ多くの登記所では従来通りの様式が更新未済のまま据え置かれている現状から、左頁には、旧式の不動産登記簿に見られる三部構成の意味、とくにその中から乙区欄の見本を載せておくことにします。

登記簿の内容と記載例

土地登記簿・建物登記簿

表題部	土地・建物の内容記載	物件はどこの(所在)どのような(種類・構造・床面積等)物件か
甲　区	所有権に関する事項記載	最終所有者は誰か、仮登記等についても記載
乙　区	所有権以外の権利記載	抵当権は設定済みか、条件どおりの順位か

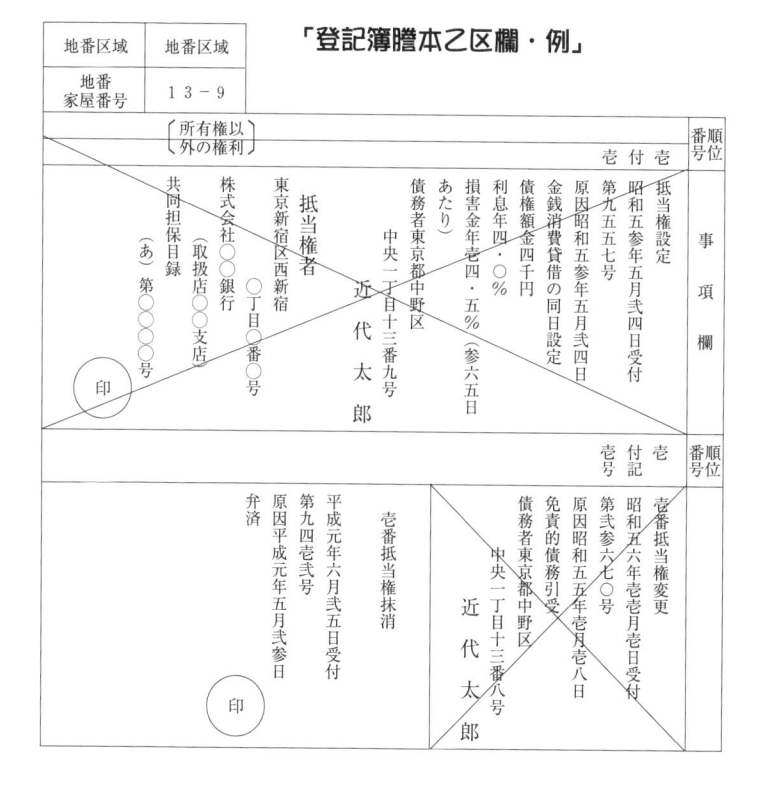

「登記簿謄本乙区欄・例」

地番区域	地番区域
地番 家屋番号	1 3 － 9

順位番号	事項欄（所有権以外の権利）
壱付壱	抵当権設定 昭和五参年五月弐四日受付 第九五五七号 原因昭和五参年五月弐四日 金銭消費貸借の同日設定 債権額金四千円 利息年四・〇% 損害金年壱四・五%（参六五日 あたり） 債務者東京都中野区 中央一丁目十三番九号 近　代　太　郎 抵当権者 東京新宿区西新宿 〇丁目〇番〇号 株式会社〇〇銀行 （取扱店〇〇支店） 共同担保目録 （あ）第〇〇〇〇号 印
壱付記壱号	壱番抵当権変更 昭和五六年壱壱月壱日受付 第弐参六七〇号 原因昭和五五年壱月壱八日 免責的債務引受 債務者東京都中野区 中央一丁目十三番八号 近　代　太　郎 壱番抵当権抹消 平成元年六月弐五日受付 第九四壱弐号 原因平成元年五月弐参日 弁済 印

15

預金担保の手続き

◉第三者の担保提供は慎重に

預金担保を申し受ける場合は、一般的に、銀行と取引先との間で「質権設定契約」を締結します。その際のポイントは、通帳の持ち主が本人であるかどうか、つまり担保提供者自身であるかどうかということの確認、そして担保として提供する意思の有無の確認です。

とくに、第三者の預金を担保にする場合などは、預金の所有者に担保提供の意思があるかどうかをしっかり確認します。

本人確認及び意思確認ができたら、次は制定の預金担保の差入証書に署名・捺印を申し受けます。担保提供者が第三者で、面前での署名・捺印ができないというケースでは、時間などを繰り合わせてできるだけ面前自署をしていただくよう交渉します。それでもやむを得ない場合には、電話や書面などで確認をとるなどの処理を徹底したほうがいいでしょう。

銀行によっては、担保意思確認を怠ったために起こりうる事故を未然に防ぐため、これらの事務をルール化しているところもあります。

預金担保の必要書類

①預金担保差入証書

②預金通帳・証書

③預金取引印

キチンと確認しよう！

◯相手が預金者本人か？

◯預金を担保として提供する意思があるか？

◯預金担保差入証書は面前自署をしてもらう

16

手形担保

◉支払人信用による保全

手形担保とは、取引先が商売上取得した商業手形を担保として申し受けるものです。その際、手形要件が充足しているかきちんとチェックして下さい。

この担保を譲渡担保権として扱う場合でも、銀行によっては契約内容を明かにするために手形担保の約定書を別途定めているケースが多いのではないかと思われますので、手形を単に預かってくるのではなく、そのような行内ルールも把握しておきましょう。

手形担保を差し入れて頂くケースとしては、たとえば小口の割引手形を多数持ち込む取引先があった場合などに、ある残高以上の手形を担保として差し入れて頂くことを条件に、手形貸付に変更することで事務簡略化を図るといった状況が考えられます。また、割引に応ずるにしては信用力に問題がある雑多な手形を所有している取引先があるときなどは、融資残高を上回る手形を担保として差し入れて頂くことを条件に融資することもあります。

手形と貸付の関係

手形割引	手形の受取人または所持人が、手形の満期前に現金化したいとき、銀行が買い取る
手形貸付	貸付の際に、銀行取引約定書と自店を支払場所にした約束手形（単名手形）を申し受け、その手形額面から利息を差し引いた額を貸し出す
手形担保 （商業手形担保手形貸付）	手形貸付の際に、商取引によって借入人がすでに取得している手形を担保として差し入れる。手形金額が少額かつ枚数が多いときに、それらを一括して担保とでき、企業にとっても手形割引と同様の経済的効果がある

17 有価証券担保

◉質権か譲渡担保か

一般的に有価証券と総称されるものには、手形・小切手・貨物引換証、倉荷証券、船荷証券、株式、社債、公債などがありますが、銀行ではこのうち、手形は前項の「手形担保」として扱い、貨物引換証・倉荷証券・船荷証券は「商品担保」として扱うので、有価証券担保というと、株式・社債・公債を担保にすることを指します。

有価証券は換金性が高く担保として扱うのが容易であるため、銀行取引では頻繁に担保として利用されます。

有価証券担保には、質権とする方法と譲渡担保とする方法の２つがありますが、どちらの方法にしても、株券等の交付で担保権が成立し、交付された株券等を継続的に占有していることで対抗要件とすることが共通しています。

有価証券は担保にすることは簡単ですが、一方で価格の変動も激しいという特徴があります。また、上場している企業の株券ならば売却などの処分が容易で、株価もはっきりしていますが、非上場株式の場合は担保として問題が多く、銀行実務上、正式な担保として扱うことはほとんどありません。

有価証券と有価証券担保

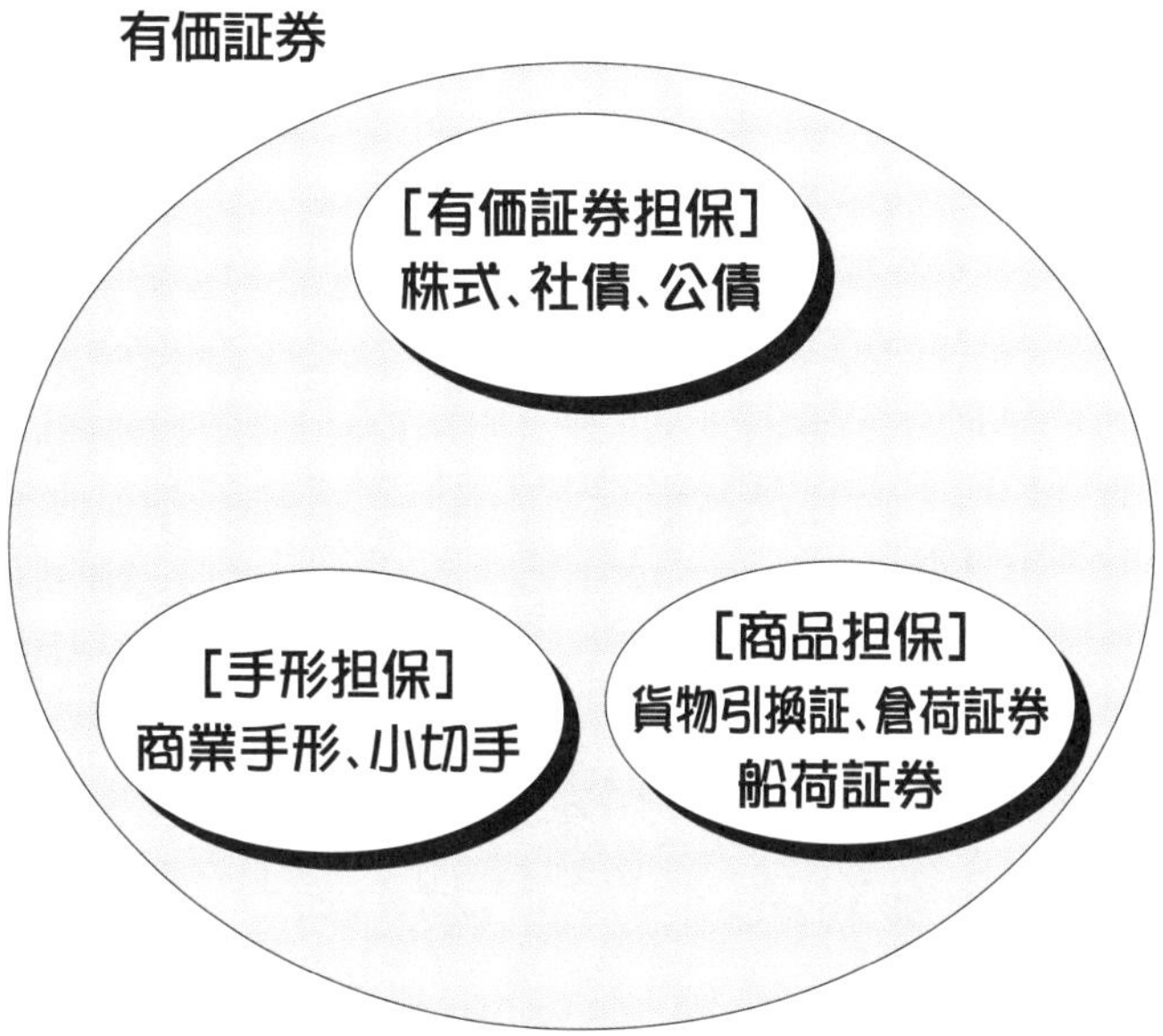

18

普通の保証と連帯保証

◉連帯保証は債権者に有利

保証とは、債務者が債務の履行をしない場合に、債務者に代わって債務の履行をすることを言います。

普通の保証では、債権者が保証人に債務履行を求めた場合、保証人は「債務者に対してまず履行を求めろ」と抗弁することができます。これを「催告の抗弁権」と言います。

また、保証人は債務履行を求められたとき、債権者に対して「まず債務者の財産に対して執行しなさい」と抗弁することもできます。これを「検索の抗弁権」と呼びます。

この普通の保証に対し、連帯保証の場合は名前の通り「連帯」して債務を負担するため、普通の保証に認められる催告・検索の抗弁権とも認められていません。

連帯保証は、普通の保証と比べ債権者に有利な性質を有していて、まさに〝人的担保〟という言葉にぴったりの内容になっています。

このような理由から、銀行取引においては、この連帯保証をよく利用しています。

また、普通の保証で保証人が複数存在する場合、債務を人数分で割った額がそれぞれの保証債務となります。これを「分別の利益」と言いますが、連帯保証の場合は、この分別の利益も認められていません。

法的性質の違い

	催告の抗弁権	検索の抗弁権	分別の利益
普通の保証	○	○	○
連帯保証	×	×	×

◇催告の抗弁権　「債務者に対してまず履行を求めろ！」と抗弁する権利

◇検索の抗弁権　「まず債務者の財産に対して執行せよ！」と抗弁する権利

◇分別の利益　債務を人数分で分担することができる権利

19 個別債務保証と根保証

◉保証する債務の範囲が異なる

銀行が申し受ける保証は、保証する債務をどこまでにするかによって、個別債務保証と根保証があります。

個別債務保証とは、保証する債務を特定した保証です。したがって、債務者に対する融資ひとつひとつに、その都度保証を頂きます。この保証の場合、債務者が債務を弁済すれば保証債務そのものも消滅することになります。

一方の根保証とは、予め決められた極度内、保証期限内に債務者に対して実行された全ての融資に対して保証するものです。

根保証の極度額と保証期限は任意に設定できますが、極度額はいくらでもいいかといえばそうではありません。極度額は、実際に行われる融資取引に見合った適切な金額にすべきで、あまりにもかけ離れた大きな極度額を設定した場合、保証契約そのものが無効とされる可能性があります。

また保証期限は、最長5年と決められていますので、その範囲内で保証書期限を設定し、保証契約を交わすことになります。

個別債務保証と根保証の違い

	保証金額	保証期限	保証する借入
根保証	極度額を設定	最長5年まで	設定された極度額・保証期限内で実行された全ての融資について保証する
個別債務保証	保証する債務の残高によって決める	融資契約書の期限までの間で設定	特定の債務のみについて保証する

◎第 4 章◎

融資実行・管理の基礎知識

1

新規取引開始時の申し受け書類

◉お客様に内容をよく説明する

新規のお客様に対して融資を行う場合には、基本約定書である「銀行取引約定書」など、初回のみ頂く書類をまとめて署名捺印してもらいます。

当初頂く書類には、①銀行取引約定書、②利息等の自動振替依頼書、③法人であれば社長の連帯保証書などが挙げられます。どれも、これから取引を開始する上で欠かせない書類ですが、この中でとくに重要なのは基本約定となる銀行取引約定書です。

契約とは、本来ならば当事者間で内容を決め取り交わすものですが、銀行では多数のお客様を相手にしていることから、それぞれ相談して決めるわけにはいきませんし、そんなことをすると債権保全上、支障を来すことになりかねません。したがって、全てのお客様に共通した内容の契約書を適用するのですが、このように予め内容が定められているものを「附合契約」と言います。

左表は、銀行取引約定書の構成と内容を簡単にまとめたものです。

これらの約定は、取引先の倒産など債権保全上の危機に見舞われたときなどに極めて効力を発揮する内容になっています。この約定を締結するときには、お客様によく内容を説明し、合意を得てから調印して頂かなくてはなりません。

銀行取引約定書の内容構成

①総則的条項	銀行取引約定書の適用範囲、利息・割引料に関する規定、損害金に関する規定
②債権保全条項	期限の利益の喪失、割引手形の買戻し、相殺・充当に関する規定
③危険負担・免責条項	銀行の責任範囲を制限する規定
④担保・保証条項	担保や保証に関する規定

2

説明責任を果たす

◉わかりやすく説明する

稟議承認後、融資を実行するまでに、お客様から申し受けるべき書類は多岐にわたりますが、それらの書類は、ただ形式的に過不足なく揃っていればいいというものではありません。書類の内容を相手がきちんと理解し、納得しているかどうかが大切なのです。

そのためにみなさんは、契約内容を正しく相手に説明する必要があります。きちんと説明をしないで必要書類だけを差し出し、「これに調印して下さい」というような一方的な対応は厳禁です。そのような対応をしたために後日トラブルに発展するケースも少なくありません。

説明責任を果たすためには、みなさん自身がまず契約書の内容を理解し、条項の法的性質などを把握していなければなりません。お客様は素人です。融資のプロではありません。契約や保証についてほとんど知識がない方もいらっしゃるのですから、みなさんはお客様の知識や経験に合わせてわかりやすく説明する必要があります。

銀行という立場の優位性、あるいは忙しさにかまけることなく、契約条項をしっかり説明し、納得してもらった上で気持ちよく調印して頂くこと。それが融資でのトラブルを減少させ、銀行の信用を守ることにつながります。

融資説明時の注意点

書類だけ揃っていればいいという考え方は厳禁！

しっかり説明しよう

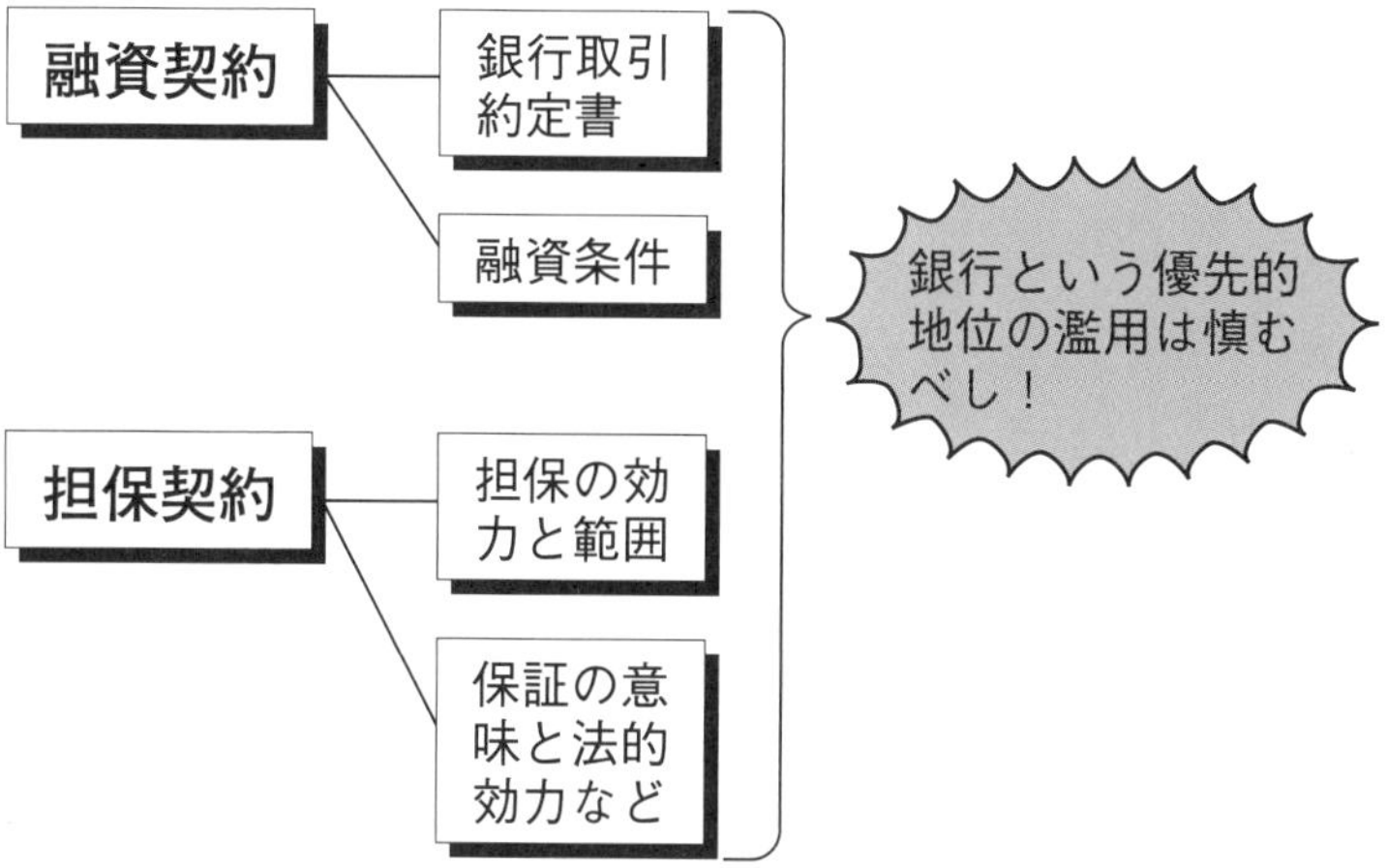

3

手形貸付時のチェックポイント

◉正確なチェックを心がける

手形貸付は、期日に自店当座預金から返済が受けられるので、利便性の高い融資形態ですが、記載事項にミスや漏れがあると後日トラブルのもとになるので十分に確認して下さい。

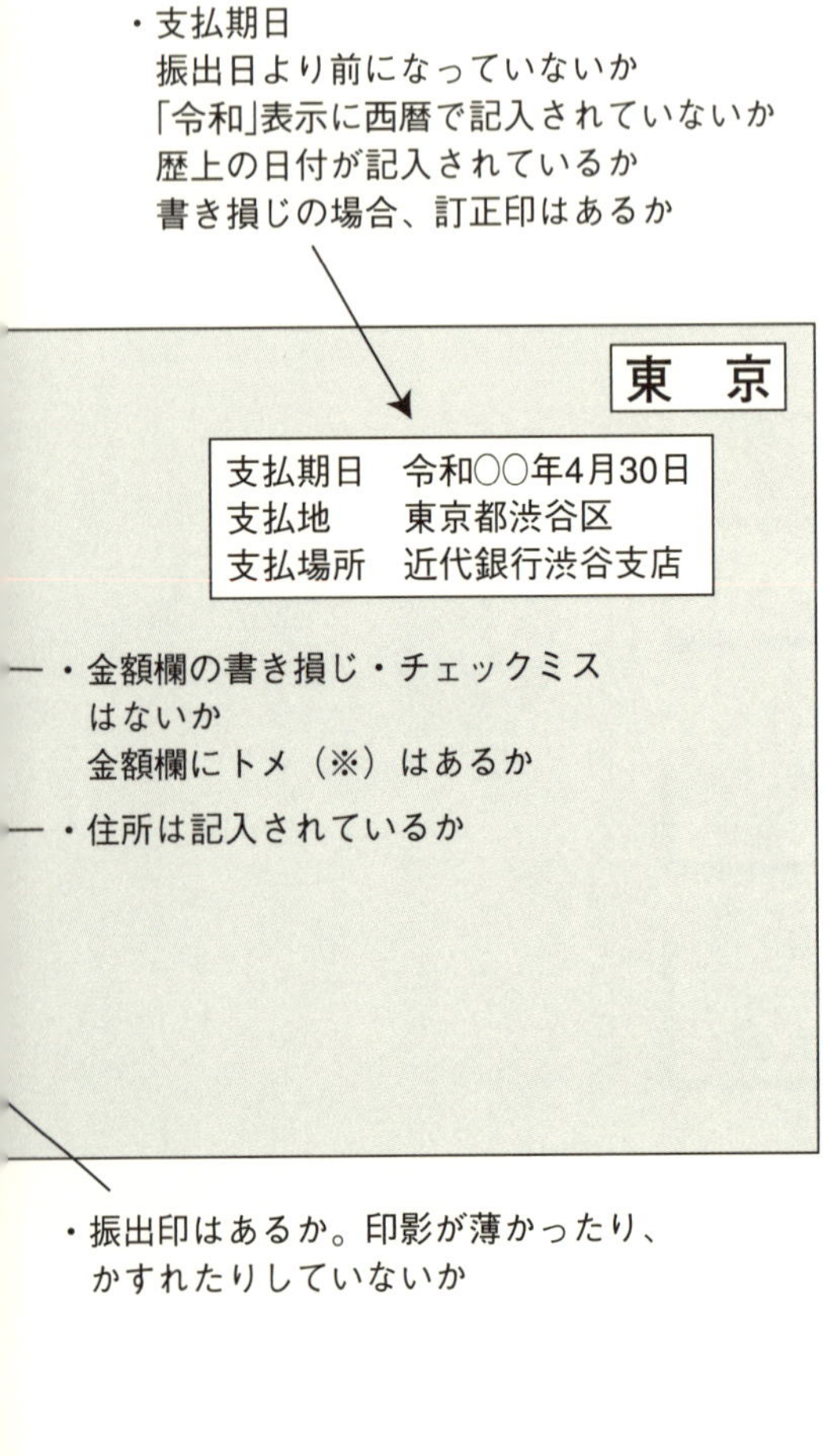

・支払期日
振出日より前になっていないか
「令和」表示に西暦で記入されていないか
歴上の日付が記入されているか
書き損じの場合、訂正印はあるか
東　京
支払期日　令和〇〇年4月30日
支払地　東京都渋谷区
支払場所　近代銀行渋谷支店
・金額欄の書き損じ・チェックミスはないか
金額欄にトメ（※）はあるか
・住所は記入されているか
・振出印はあるか。印影が薄かったり、かすれたりしていないか

手形貸付のチェックポイント

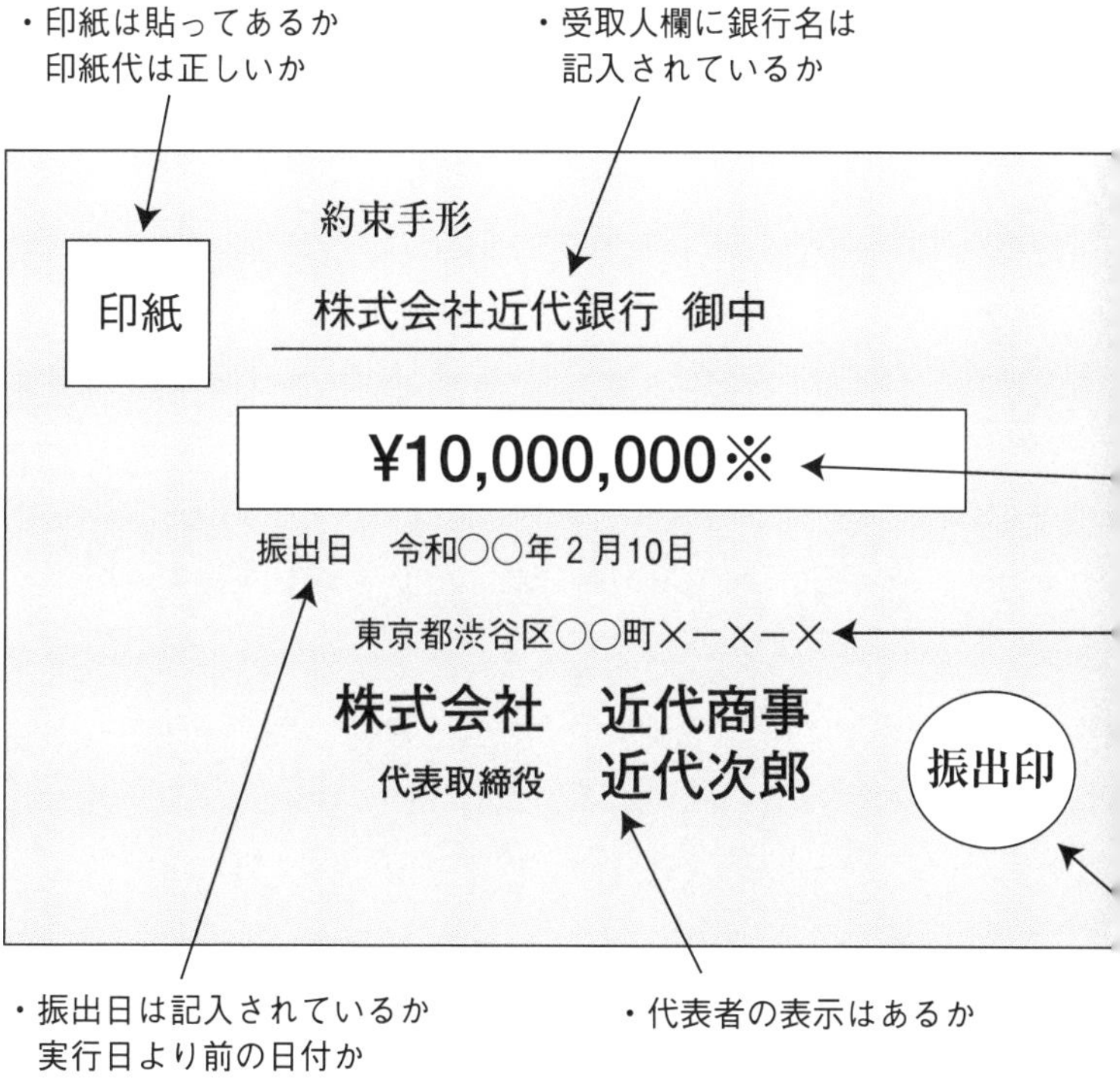

・印紙は貼ってあるか
印紙代は正しいか
・受取人欄に銀行名は
記入されているか
約束手形
印紙
株式会社近代銀行 御中
¥10,000,000※
振出日 令和○○年２月10日
東京都渋谷区○○町×－×－×
株式会社 近代商事
代表取締役 近代次郎
振出印
・振出日は記入されているか
実行日より前の日付か
・代表者の表示はあるか

4

証書貸付時のチェックポイント

◉事前に必要事項を記載する

証書貸付では、お客様と「金銭消費貸借契約証書」を取り交わします。この契約書は1通だけ作成し、「株式会社○×銀行御中」としてお客様から銀行に差し入れて頂く形をとっています。

調印は、必ず稟議などが承認になった後に書類を交付して行いますが、その際にはいくつか注意事項があります。

まず、返済条件など誤記しやすい項目は予め埋めておき、お客様には金額欄への記入と捺印だけで済むように手配しておくこと。金額欄をお客様が書き間違えたときには訂正印ではなく、証書そのものを交換し、新しくやり直して下さい。これは手形貸付でも同じことです。

また、信用保証協会の保証付き融資では連帯保証人が条件になっていることが多いので、必ず面前自署して頂けるよう調整しておきます。

新規のお客様の場合には、銀行取引約定書などの基本約定の内容も同時に説明、合意の上調印して頂かなければなりません。書類の数が多くなると記入漏れも出やすくなるので、前日などに揃えておくと慌てないで済みます。

証書貸付のチェックポイント

証書を徴求するときにチェック！

印鑑は捺印してあるか。それは実印、ないしは銀行に届けられた印鑑か
金額欄は記入されているか。頭部に￥マークはあるか。訂正は不可
日付は入っているか。日付は実行日より前になっているか
連帯保証人を付ける場合には、連帯保証人の自署、捺印はあるか
返済条件は記入されているか

とくにこんな点に注意！

捺印はきちんと照合しよう！（間違っていることが多い）
連帯保証人は必ず面前自署してもらおう
金額欄を誤記した場合は、証書そのものを書き直そう
金額欄は必ずお客様に記入してもらおう

5 割引手形のチェックポイント

◉チェック漏れのないように注意

割引手形には、手形が不渡りになったときや、割引依頼人の信用に異状が生じたときに備えて、割引依頼人に手形を買い戻してもらう「買戻請求権」という権利があります。

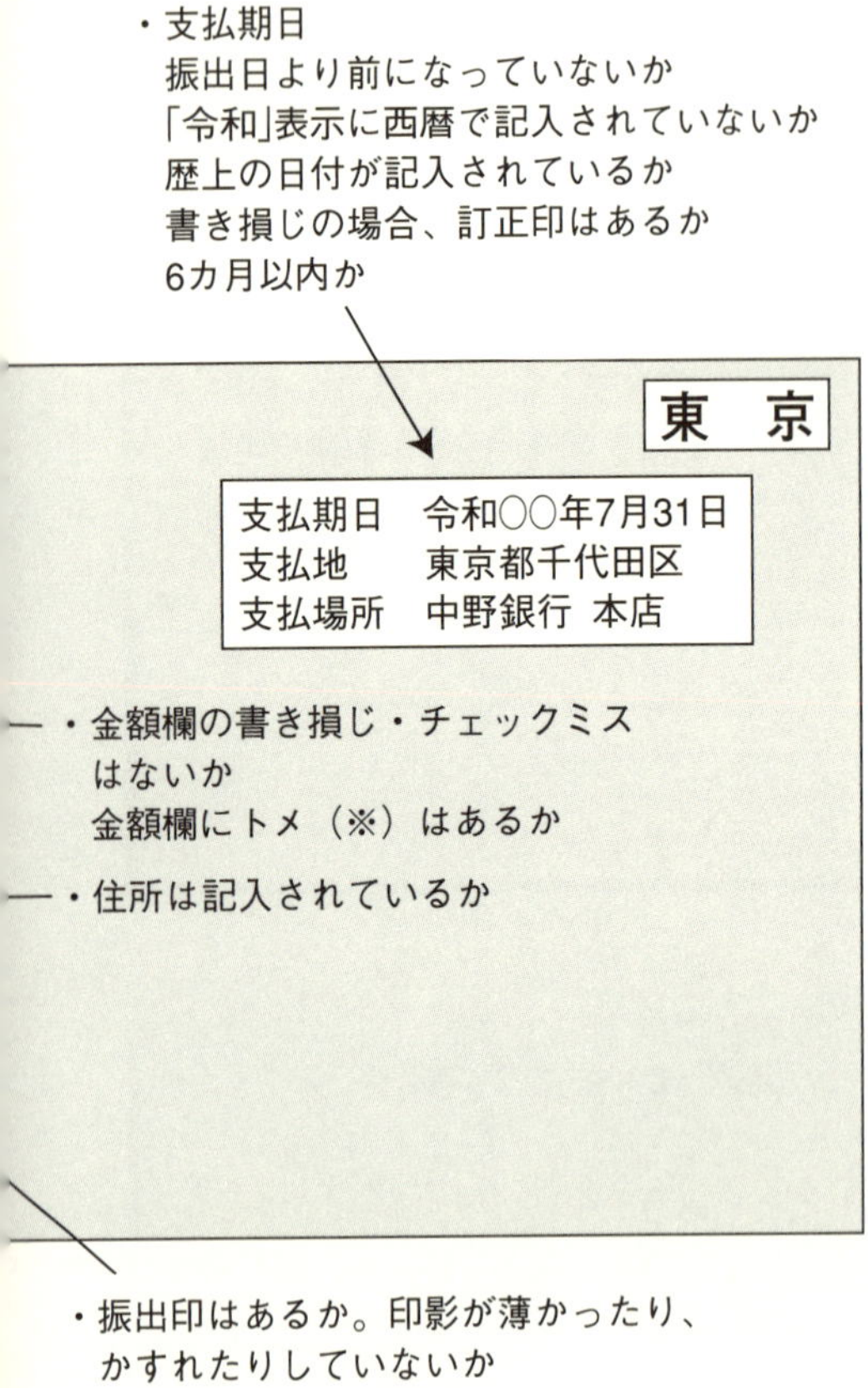
・支払期日
振出日より前になっていないか
「令和」表示に西暦で記入されていないか
歴上の日付が記入されているか
書き損じの場合、訂正印はあるか
6カ月以内か
東　京
支払期日　令和〇〇年7月31日
支払地　東京都千代田区
支払場所　中野銀行 本店
・金額欄の書き損じ・チェックミスはないか
金額欄にトメ（※）はあるか
・住所は記入されているか
・振出印はあるか。印影が薄かったり、かすれたりしていないか

◇業況不芳先や、融資条件として割引する銘柄が指定されている場合は、持ち込まれた手形銘柄をチェックし、指定外のものまで受け取らないよう注意する

◇割引ができるかどうかわからない手形は預からないようにする。裏書欄へ銀行名のハンコを押すと、もし割引ができなかったとき、他行へ再持ち込みができないケースがでてくる

割引手形のチェック

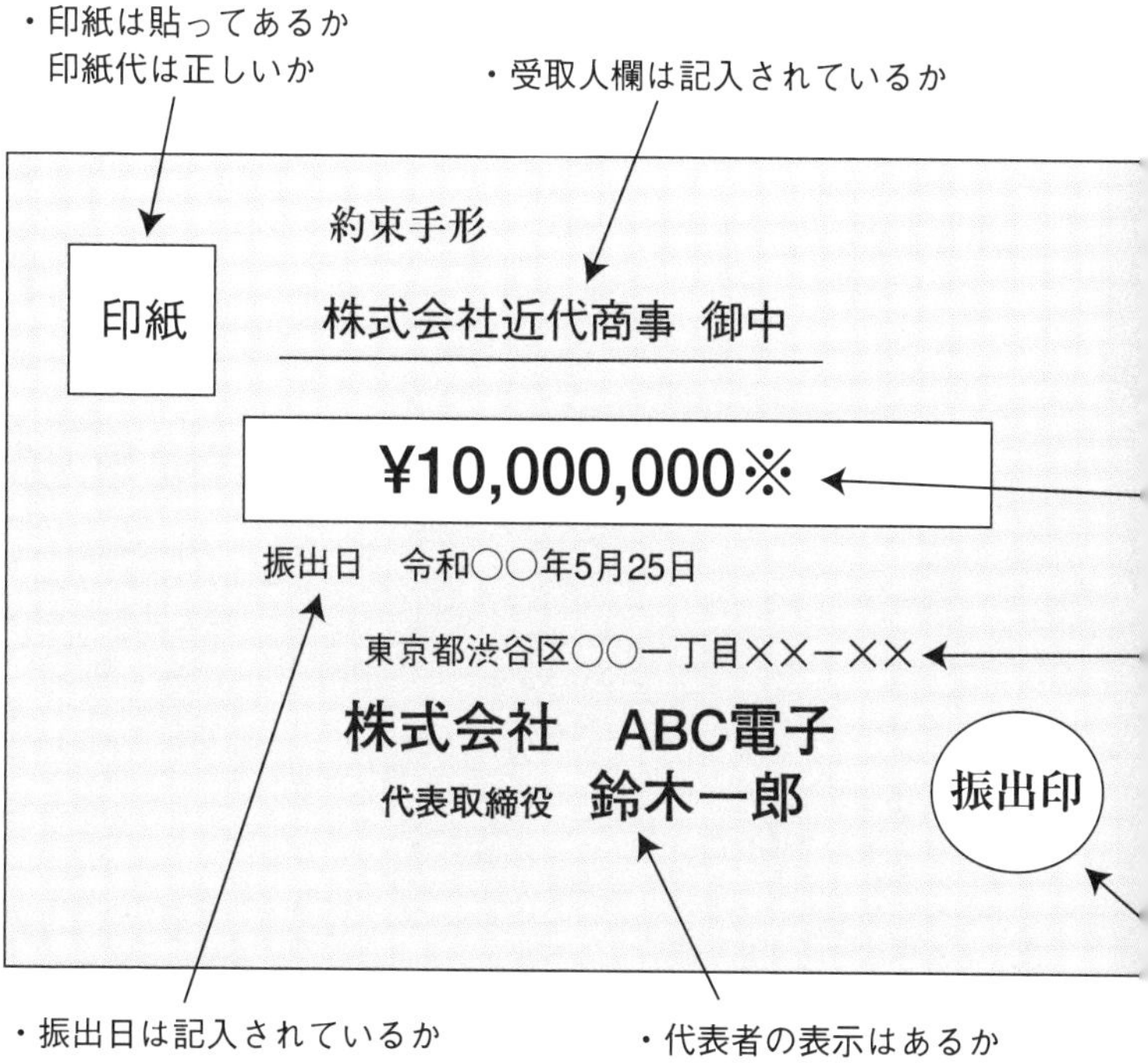

◇割引手形を受け取ったら、お客様が添えてきた割引申込み表の枚数と金額が現物と合致しているかまずチェックする（重要！）
◇手形を受け取ったら、裏面の裏書欄に銀行名のハンコを押して保管する（万が一の事故のため）

6 融通手形をチェックする

◉上席への報告を怠らない

割引手形で注意しなければならないのは、中に「融通手形（ゆうずうてがた）」が混じっているケースがあることです。

融通手形とは、資金繰りに窮した会社が仲間の会社に依頼して振り出してもらった、商売の裏付けのない手形のことです。物を売っていないのに手形だけ振り出してもらい、その担保に自分の会社も同額の手形を振りだして相手に渡しているのが一般的なパターンで、どちらか一方が倒産すると、融通手形の相手方も連鎖で倒産してしまうことになります。

融資担当者として、融通手形をつかまされることのないように手形の内容には十分、注意しなければなりません。銀行の手形割引は商売の裏付けのあるきちんとした手形だけを買い取る取引であって、それを悪用されないようにするのは当然の配慮です。

融通手形は、自社の資金繰りを助けるためのものですが、相手の手形を割り引いて得た代金を手形振出人に利息をとって融資する「金融手形」もありますから、日頃から取引先の資金フローにはよく気を付けていなければなりません。

逆スジ手形（仕入先からの手形）や、割引手形の振出企業への送金などは融通・金融手形の疑い濃厚です。そのような場合には、上席に報告した上、事実を確認し対応を検討することになります。

手形の裏書欄をチェックしよう

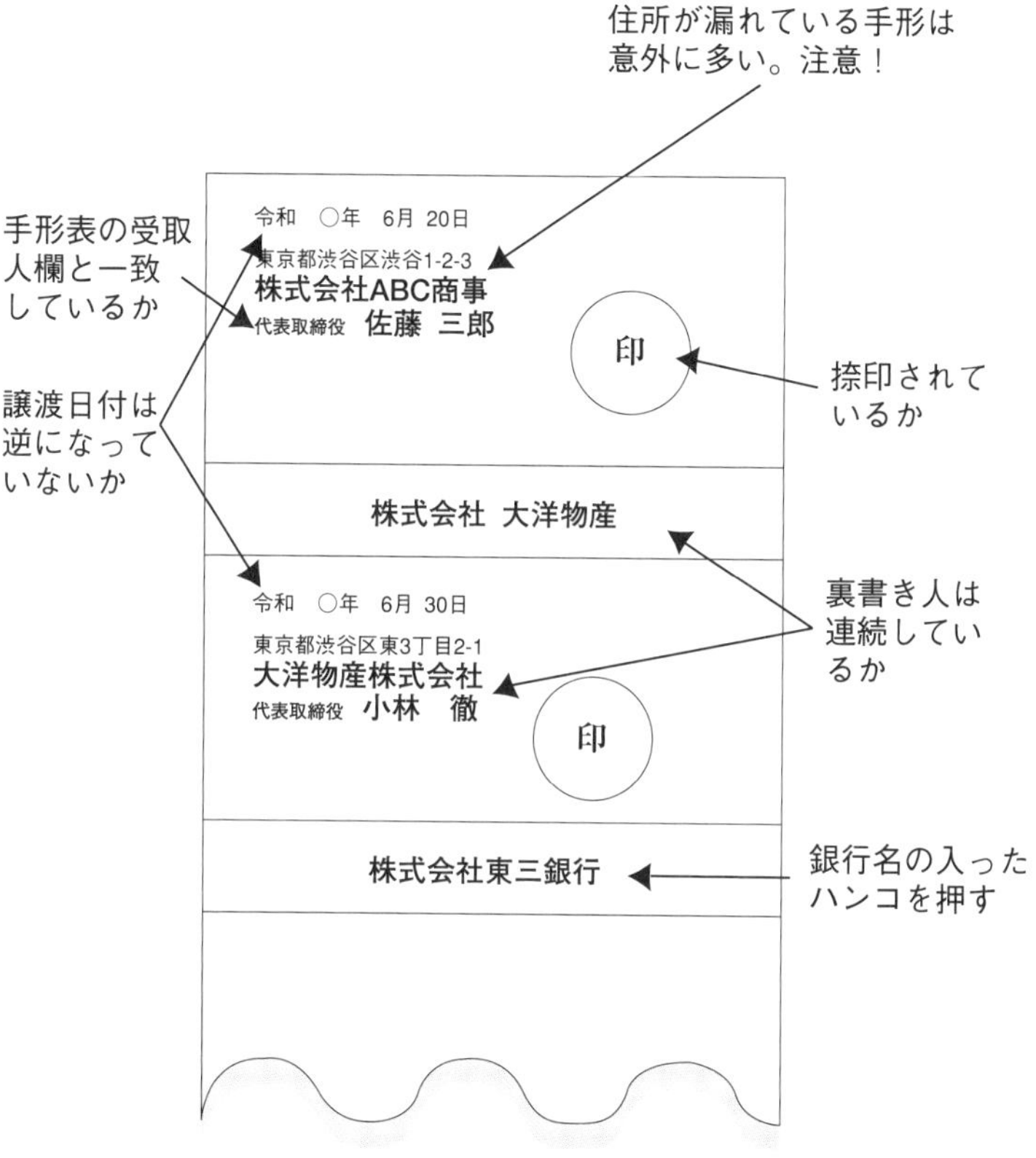
住所が漏れている手形は
意外に多い。注意！
手形表の受取
人欄と一致
しているか
譲渡日付は
逆になって
いないか
令和　○年　6月 20日
東京都渋谷区渋谷1-2-3
株式会社ABC商事
代表取締役　佐藤　三郎
印
捺印されて
いるか
株式会社　大洋物産
裏書き人は
連続してい
るか
令和　○年　6月 30日
東京都渋谷区東3丁目2-1
大洋物産株式会社
代表取締役　小林　徹
印
株式会社東三銀行
銀行名の入った
ハンコを押す

7 期日管理を徹底する

◉具体的なアクションプランを記載

期日を過ぎた仕事は価値がありません。相手に迷惑を掛けるだけでなく、信用も失墜します。取引先の決済期日にもし融資が間に合わなかったら不渡りという事態になり、担当者として「忙しかったから」は理由になりません。

銀行員である以上、毎日がとても忙しいのはわかり切っていますす。時間は限られているわけですから、それをどうペース配分するかが「デキる人」とそうでない人との分かれ目です。

支店では、一般的に、月間スケジュール表のようなものを作成しているケースが多いようです。左表はそのサンプルですが、このようなスケジュール表での期日管理を成功させる秘訣は、より具体的なアクションプラン・スケジュールにすることでしょう。単に、査定・稟議の期日を記入するだけではなく、いつ取引先に対して資料を要求するか、いつコンピュータ登録するかなど、できるだけ細かく具体的なスケジュールを組むのがコツです。

銀行業務はどうしても月末・月初が繁忙になりますから、比較的事務が簡素になる月中にうまく仕事を配分するよう工夫して下さい。

月間スケジュール表の例

具体的なアクションプランを
スケジュールに盛り込む

日付	曜日	新規案内	継続査定・稟議	外訪スケジュール	店内・打合せ	報告・資料作成
1	月			A社・N社	計数会議（課長のみ）	事務会議資料提出
2	火		Y社計数ヒアリング	J社・M社・R社	事務改善会議（6：00～	
3	水	B社設備稟議下準備	1月継続稟議の	B社		
4	木		コンピュータ登録	B社		
5	金		G社試算表	B社	課内打合せ18：00～	
6	土					
7	日					
8	月	B社設備稟議作成		V社		ローン計数報告
9	火			O社		
10	水			P社		
11	木			集中事務処理	ローン会議17：00～	
12	金			集中事務処理		貸出材料報告
13	土					
14	日					
15	月				貸出材料会議9：00～	
16	火			K社現金届け		
17	水	J社運転資金稟議作成				計数報告期日
18	木					
19	金					
20	土					
21	日					
22	月					
23	火					
24	水					
25	木		A社手形割引継続期日			
26	金		N社手形貸付期日			
27	土					
28	日					
29	月				収益会議18：00～	
30	火		T.K.J社割引期日			
31	水					

8 情報管理を徹底する

◉慢心、油断を捨てる

電車の網棚やタクシーの車内にお客様情報が記載された書類などを置き忘れるといった事態がたびたび起きています。また最近では、顧客データのデジタル化と外部記憶装置の高性能化に伴い、過失、故意にかかわらず、大量の行内情報が漏洩する危険性も高まってきました。

融資マンであるみなさんの元にはさまざまな情報が集まっています。故意による情報漏洩は論外として（これはもう犯罪です）、ここでは過失による漏洩を防ぐ方法について述べます。

まず、仕事の持ち帰りをしないこと。仕事がたまったからといって書類等を銀行の外へ持ち出さないよう注意して下さい。

次に、顧客データを個人のパソコンの外部記憶装置にダウンロードしないこと。メモリスティックなど、大容量の小型デバイスもありますが、このような媒体に安易にデータを保存してはいけません。

また、添付ファイルでのメール発信は控えること。銀行によっては、メールは受信専門で、発信不可にしているところもあります。

そして一番大事なのは、「自分だけは大丈夫」という慢心、油断を捨てること。誰もが情報漏洩という同じリスクを抱えていることを肝に命じて下さい。

情報管理のポイント

情報管理を徹底しよう！

- 仕事を自宅に持ち帰らない
- 顧客情報が記載された書類を行外へ持ち出さない
- 顧客情報・社外秘データの無断ダウンロードの禁止
- 添付ファイルの電子メール送信は要注意

9

融資計数をチェックする

◉計数管理は仕事の基本

「君は、いくら貸しているの?」と支店長さんに聞かれて、あなたはすぐに答えられるでしょうか。

融資担当者としては当然、自分の担当先の計数は頭に入っていなければいけませんし、どこでいくら減ったとか増えたとかに敏感になるべきです。

融資計数を把握するようになると、仕事が面白くなってきます。支店の中での自分の位置づけが理解できますし、自分の仕事がどれだけ業績に寄与するのかということがわかってくるからです。

支店には、収益に関するものも含めさまざまな計数がありますが、融資担当者としては次の計数をまず押さえましょう。

①担当先の総貸出残高と預金残高
②現時点での通期平均残高
③今月の平均残高
④毎月の返済額
⑤目標貸出残高達成のための必要貸出額・回収額

融資計数手控えの例

12月現在　　　　　　　　　　　　　　　　　　　担当者○○　○○

主要取引先名	11月平均残高	毎月返済額	通期平均残高	12月貸出案件額	12月特別返済額
A社	2,500	16	2,630	0	300
B社	1,500	10	1,800	60	0
主要先小計	16,000	300	18,600	250	300
その他取引先	16,000	120	5,680	100	50
担当先合計	32,000	420	24,280	350	350

［ポイント］主要先だけをピックアップして、後は小口でまとめる。この表をもとにして12月着地予想計数などを書き込めるものを作ればベター

10 訪問頻度と貸出材料の管理表を作る

◉管理表に基づいて訪問

融資担当者として取引先に対しては、業況をチェックするなどのメンテナンスと、新規貸出案件の発掘という2つの仕事をこなさなければなりません。

すべての担当先に対して漏れなく管理を行うために、訪問頻度表を作成すると良いでしょう。この表により、訪問回数、あるいは来店の回数が把握でき、どこの取引先にいつ接触したのか、またどの取引先を訪問すべきかということをコントロールするわけです。

個人的に好きな取引先にはたくさん出かけ、嫌いな先には全く行かず、というのでは担当者として管理していることにはなりません。毎月、必ず一度は取引先とコミュニケーションを図るようにうまくスケジュールをたてましょう。

また、取引先との面談でキャッチした貸出材料はきちんと表を作って管理することをお勧めします。各担当者ごとに材料をまとめ、それを計数担当者が集計します。材料は、随時更新していないと、通期での目標がキャッチアップできなくなるなど、管理面での不都合が出てきます。新たな材料があがったらすぐに材料帳に登録、工作してダメだった場合には常に削除すると共に、ABC表示などによって工作の進捗状況がわかるように工夫して下さい。

管理表の上手な使い方

訪問頻度表の例

○＝訪問　×＝来店

担当者

日付／取引先名	1	2	3	4	5	6	7	8	9	10	11	12	13	14	15	16	17	18	19	20	21	22	23	24	25	26	27	28	29	30	31	合計
中野商事		○						○						○																		
近代工業					○																											
東京サプライ		○				×							○																			
斎藤建設		×							×					○																		
訪問社数	0	2	0	0	1	0	0	1	0	0	0	0	1	2																		
来店社数	0	1	0	0	0	1	0	0	1	0	0	0	0	0																		

○×銀行△□支店

［ポイント］業務日誌などに添えて訪問状況を報告する。全ての取引先とコミュニケーションを図るように配慮する

材料帳の例

月　日更新

取引社名	担当者	資金使途	確度A	確度B	確度C	時期	工作状況・コメント	ネック・対策
井浦興業		運転資金	100			12月下旬	実行待ち	
近代モータース		設備資金			50	3月上旬	先方了承得られず	社長夫人が他行のファン
下町寿司		運転資金		50		2月中旬	あと一歩でOK	支店長セールス願います
合　計			100	50	50			

［ポイント］計数担当者がまとめやすいように確度ごとに金額を表示した例。ネックや対策などざっくばらんに記入する。全員が同一の材料帳に記入し、わかりやすいところに保管し随時書き込めるようにする。上席にも毎回回付する（支店長の指示欄などを作成するとより良い）

11 自分だけのマニュアル作り

◉楽しくわかりやすい工夫を

支店の仕事が忙しいのは当たり前です。その中で、てきぱきと仕事をこなしている人は手続きをよく知っています。こういうときにはどうすればいいか、こんなことが起きたらどう対処するかということがわかっているから段取りも良く、仕事がスムーズに流れるわけです。

手続きを覚えるにはマニュアルを読むか、先輩に聞くしかありませんが、時間がなくて本当に急ぎのときにはマニュアルではなく、遠慮なく先輩に聞きましょう。そのほうが早く、しかも確実です。

ただし、お互いに忙しいのですから、何度も同じことを聞いていては相手に迷惑です。できるだけ早く手続きを覚えて一人前になるためには、なんと言っても自分だけのマニュアル・ノートを作成するに限ります。

たとえば、伝票を起票して検印を通ったところでそれをコピーしてノートに貼り付けます。まだ記憶が新しいうちに、先輩からのアドバイスやマニュアルで読んだ注意事項などを一緒に書き込んで、手続きの流れを記録しておくわけです。

自信がない手続きや処理などは、伝票の起票でも、稟議書の書き方でも何でも結構ですから項目ごとにまとめてノートに記入しておきます。まだ仕事に不慣れで覚えることがたくさんあるときには、自分だけのマニュアルが非常に役立ちます。ノートは大学ノートでも構いませんが、後で内容を整理することを考えてルーズリーフにすると便利です。１枚に１項目とするといいでしょう。

マニュアルを作ろう

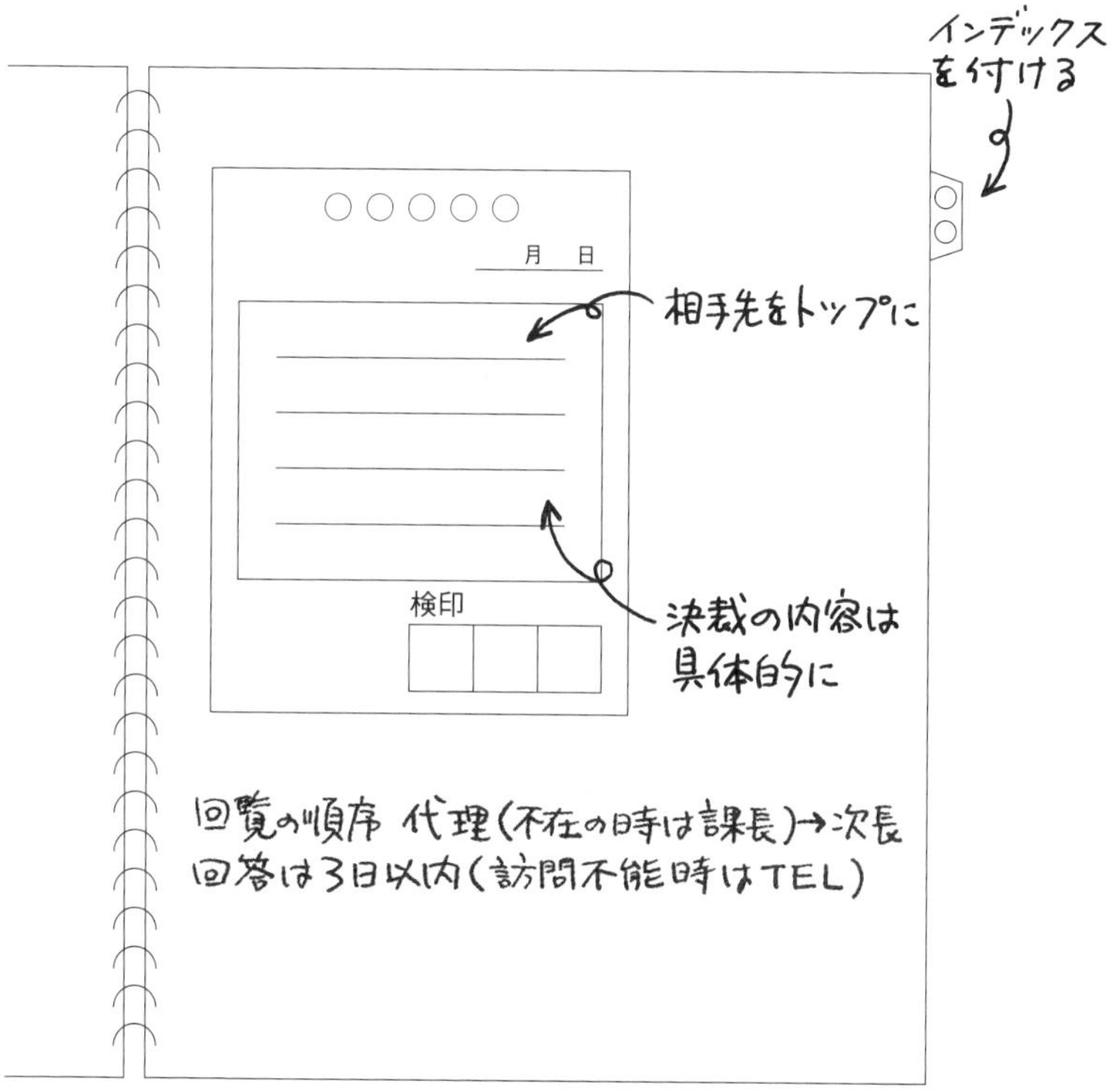

インデックスを付ける
月　日
相手先をトップに
検印
決裁の内容は具体的に
回覧の順序 代理（不在の時は課長）→次長
回答は3日以内（訪問不能時はTEL）

12 未整理封緘物の管理はこうする

◉第三者にわかるようにする

現物、つまり取引先から預かった重要物件の管理は、最も厳重に行わなければなりません。

取引先から預かった現物は、できるだけ速やかに処理しますが、どうしても処理が当日中に完了しない場合などは、未整理封緘物として管理します。未整理封緘物には「未整理封緘メモ」などを添付して、どんな処理をすればいいのかを明確にしておいて下さい。管理表を封緘物にクリップなどで止めておけば第三者が見ても処理すべき内容がはっきりとわかります。

未整理封緘メモには、取引先名と処理すべき内容、処理予定日などを記入します。また処理が遅延しているものについては、なぜ遅延しているのかということを理由欄に記入し、担当者が不在でもそれを見れば処理できるようにしておきます。

銀行での仕事は、担当者が不在でも処理がどれくらい進んでいるか、第三者にわかるようにしておく必要があります。未整理封緘メモのような簡単なものでもあるとないとでは大違い。また、取引先から預かった実行書類を何らかの事情で封緘する場合には、きちんと伝票などを起票し、遅延理由の解消と共にすぐさま処理できるような状態にしておくのが原則です。

未整理封緘メモ

未整理封緘メモの例

<table>
<tr><th colspan="3">未整理封緘メモ</th></tr>
<tr><td colspan="3">取引先名</td></tr>
<tr><td colspan="3">封緘物</td></tr>
<tr><td colspan="3">処理内容</td></tr>
<tr><td colspan="3">処理予定日</td></tr>
<tr><td colspan="3">処理遅延理由</td></tr>
<tr><td rowspan="2"></td><td>検印</td><td>担当者</td></tr>
<tr><td></td><td></td></tr>
</table>

池井戸 潤（いけいど　じゅん）
作家。昭和 38（1963）年岐阜県生まれ。
慶應義塾大学卒。
『果つる底なき』で第 44 回江戸川乱歩賞、
『鉄の骨』で第 31 回吉川英治文学新人賞、
『下町ロケット』で第 145 回直木賞、第 2 回野間出版文化賞、
『ハヤブサ消防団』で第 36 回柴田錬三郎賞を受賞。
主な作品に、「半沢直樹」シリーズ（『オレたちバブル入行組』
『オレたち花のバブル組』『ロスジェネの逆襲』『銀翼のイカロス』
『アルルカンと道化師』）、「下町ロケット」シリーズ（「ガウディ計画」、
「ゴースト」、「ヤタガラス」）、「花咲舞」シリーズ（『不祥事』
『花咲舞が黙ってない』）、『空飛ぶタイヤ』『七つの会議』『陸王』『民王』
『民王 シベリアの陰謀』『ルーズヴェルト・ゲーム』『ノーサイド・ゲーム』
『アキラとあきら』『シャイロックの子供たち』『俺たちの箱根駅伝』などがある。

〈改訂新版〉
これだけ覚える　融資の基礎知識

平成17年３月17日　改訂初版
令和７年２月20日　改訂第22刷

著　者──池井戸 潤
発行者──大畑 数倫
発　行──株式会社　近代セールス社
〒165-0026 東京都中野区新井 2-10-11
ヤシマ 1804 ビル４階
電 話(03)6866-7586
FAX(03)6866-7596

印刷・製本──(株)三友社

乱丁・落丁本はおとりかえいたします。
ISBN 978-4-7650-0876-1